企业管理基本理论问题思辨

刘巨钦　等著

湘潭大学出版社

图书在版编目（CIP）数据

企业管理基本理论问题思辨 / 刘巨钦等著. -- 湘潭：
湘潭大学出版社，2020.6
ISBN 978-7-5687-0419-9

Ⅰ. ①企… Ⅱ. ①刘… Ⅲ. ①企业管理一研究 Ⅳ.
① F272

中国版本图书馆 CIP 数据核字（2020）第 078250 号

企业管理基本理论问题思辨

QIYE GUANLI JIBEN LILUN WENTI SIBIAN

刘巨钦 等著

责任编辑：刘　丹
封面设计：于小虹
出版发行：湘潭大学出版社
社　　址：湖南省湘潭大学工程训练大楼
电　　话：0731-58298960 0731-58298966（传真）
邮　　编：411105
网　　址：http://press.xtu.edu.cn/
印　　刷：长沙鸿和印务有限公司
经　　销：湖南省新华书店
开　　本：710 mm×1000 mm 1/16
印　　张：12.75
字　　数：196 千字
版　　次：2020 年 6 月第 1 版
印　　次：2022 年 1 月第 1 次印刷
书　　号：ISBN 978-7-5687-0419-9
定　　价：42.00 元

自　序

到底什么是管理？如何理解管理？管理仅仅是协作劳动的产物吗？管理具有什么样的特征？如何理解管理的主要职能？“计划”可有可无吗？如何理解“组织”？所有的管理者都是领导者吗？领导者与管理者的内涵到底有什么样的区别？是什么力量在推动管理学的发展？企业管理中的管理控制究竟是“控制”什么？现代管理者如何进行角色定位？诸如此类的问题，既是管理学中的最基础的问题，也是管理学研究中的重大问题。这些问题非常值得学者们不断地进行追问和探究。

管理理论的每一次重大飞跃，都伴随着一次人性假设的革命。对于人性假设演进逻辑的梳理以及其发展动因与趋势的正确把握，将会有助于我们认清管理发展的历史趋势和发展要求，树立科学的人性观，建立科学的管理理论，并以此来引导自己的管理认识活动和管理实践活动。管理理念和管理实践正是建立在人性假设的基础之上，不同的人性假设会导致不同的管理理念和不同的管理实践的方式、方法、手段。

德性为中国管理哲学之精髓，开启中国式管理之逻辑，故“道德人”人性假设是中国管理哲学对中国式管理质的规定。“道德人”人性假设为中国式管理提供基于内在修持论的精神内核，认为道德人性是为个体赋予社会群体意义、影响个体动机的本质属性，并促成人生价值在工作中的实现。个体通过学习实现道德内化，产生道德行为，满足道德需要的过程是道德自觉的过程，表现为自我完善，提升了个体与组织的互动效率与价值协同。道德—行为作用机制是上述过程的心理学演绎，契合了“道之以德、知行合一”的哲学理念。“道德人”人性假设完善了动机的自组织理论，诠释了人性的丰富性，超越了西方管理的工具理性，是对其他人性假设的扬弃。

X效率理论为家族企业治理提供了个体视角，从而为家族企业治理的低效率提供了配置性效率之外的解释。家族企业治理X非效率基于委托代理理论的解读揭示了X非效率的根本原因——委托代理双方人际信任的缺失。在中国家族企业中制度信任无法弥补人际信任的缺失，而道德却能实现代理方道德自律与道德激励所产生的高水平努力和委托方对于代理方高道德水平的信任之间的“礼物交换”，从而发挥其得天独厚之优势，促进中国本土人际信任的发展，进而优化委托代理双方差序格局下的博弈解并促进家族企业治理效率的提升。具体而言，道德以扬弃的姿态延伸为超越血亲关系的家文化泛化形式，通过促进资本激活与融合、多层面积极施压和对正式契约的弥补来改善X非效率，进而产生超常规效率。

企业组织的本质是什么？古典学派和新古典学派以及新制度经济学派都只是把人看成一种生产手段，这使得它们对企业组织本质问题的探讨难以跳出专业化分工和市场交换的概念范畴。本书把人看成一种手段和目的的统一体，提出了“全面发展人”的人性假设，突破了专业化分工和市场交换的概念范畴，并得出了组织本质上只是一个过程的基本结论。企业组织是否存在一个最优边界，这个问题也一直困扰着我们。本书对企业组织边界问题研究的传统观点进行了回顾和重新审视，认为，虽然概念层次上的企业组织边界问题难以回避，但在实体层次上，企业组织并不存在一个最优边界问题。

从企业“管理”到公司“治理”是一个历史性的跨越，二者在侧重点、主要目的、作用主体、主要职能、实施基础、实施结构、适应企业、权力基础、作用方式等许多方面均有所不同。正是基于这样的认知，我们提出了国有企业的多元主体地位模型，建构了公司多元联合治理机制模型。

本书深入探讨了中国儒家、道家、法家、墨家等极其丰富的人本管理思想，探讨了中国传统商业文化的源与流。这些思想和传统商业文化正是中国企业家精神的思想之源、养分之本。

21 世纪将是一个加速变革的崭新世纪。经济全球化、信息经济、数字经济、第四次产业革命迅速发展；中国经济的崛起势不可挡，中国管理哲学的思想价值将得到世界的重新认知；感性消费、科技消费、时尚消费、安全消费、高端消费、个性化消费等蓬勃发展。这一切都将深刻地影响企业管理哲学、管理思想、管理模式、管理手段、管理行为、领导方式的变革与发展。

我们预感到的是，管理大发展、大变革的时代已经来临；我们困惑的是，未来的管理将如何变革与创新？这一切都在实践和发展中。我们唯有以变应变，并力图引领变革。这就是我们这一代管理学家和企业家的历史使命。

本书由刘巨钦负责整体设计、主持和审定。具体研究和写作分工如下：第一章，刘巨钦；第二章，刘巨钦、李佳砾；第三章，刘巨钦、龚敬；第四章，刘巨钦、黄杰；第五章，黄杰、刘巨钦；第六章，刘巨钦、龚敬；第七章，刘巨钦、冯嘉旺；第八章，刘巨钦、孙焕楠；第九章，刘巨钦、冯玲、冯杨杨；第十章，刘巨钦、冯杨杨。

本书的研究，参阅了一些专家的研究文献，从中获益良多，笔者在此表示真诚的感谢！研究中的诸多不足之处，还请读者多多海涵并不吝指教。

最后，衷心感谢湘潭大学商学院对本课题研究的大力支持。

衷心感谢湖南省社科基金“为改革攻坚献策”重大招标课题“我省进一步深化国有企业改革中的主要难题及破解对策研究”（15ZDA02）对本研究的大力支持。

目　录

第一章　管理与管理职能的再思考

把管理作为一门学科进行系统的研究，是近一二百年来的事情。但是，管理实践却和人类的历史一样悠久，至少可以追溯到几千年以前。生活在幼发拉底河流域的山米尔人，早在公元前5000年就已经开始了最原始的记录活动。这也是有据可考的人类历史上最早的管理活动。

管理无处不在，大到一个国家、一个组织，小到一个家庭，一个个人，都需要管理。管理是我们这个世界普遍存在的现象，每一个社会成员都要同管理打交道。管理是人类最基本的活动之一，它同人类一样古老，同科技、教育一样重要。

一、管理概念辨析

从字面来看，管理有“管事理人”之意。

有的人说，管理就是“约束”。“管”即“约束”吗？不尽然。

“管”什么呢？现代组织的管理愈来愈复杂，管的对象可能包括：人、财、物、时间、空间、信息、技术、文化、环境等各种要素。

“理”在中国文字中有着极其丰富的内涵。追根溯源，“理”有通的意思。可以引申为使“管”的各种对象及其组合合乎逻辑、秩序、人性、习惯、伦理，以达到组织和人所追求的预期目标和效果。

管理者凭什么基准去行使管理权限，发挥管理权威？就是说，“管”的依据是什么？我们认为，“管”的依据应该是天理、物理、法理、伦理、情理和哲理，管理要依“理”而管。在管的过程中，“理”可以包含有理解、梳理、料理、清理、整理、打理、处理、办理、治理、调理、理会、过问、理论、论理等诸多含义，管理的结果是要达到理清、理顺、条理、在理、合理，并实现其预期目标。

管理作为一种行为，具有行为主体、客体、目的、结果四大要素。

管理的过程、管理的政策、管理的制度、管理的措施、管理的手段、管理的工具、管理的方式方法、管理的目标、管理的活动、管理的结果等都必须要合乎逻辑。这其中包括科学的逻辑，方法的逻辑，效率的逻辑，效益的逻辑，法理的逻辑，社会的逻辑，习惯的逻辑，心理的逻辑，伦理的逻辑等。

管理的逻辑表达形式可以分为：

正式逻辑：战略、结构、原则、政策、制度、流程、方法、标准、规则；

非正式逻辑：文化、传统、习惯、惯例、风俗、心理契约、管理艺术。

管理追求的目标是效率和效果。

效果——最后要达到的结果；

效率——达到结果中的投入产出比分析——资源配置的效率优化。

二、管理仅仅是协作劳动的产物吗

管理最早应该是产生于个体潜意识中对自我活动及其追求目标实现的有效安排。

人类管理意识的形成和发展应该有一个从潜意识到有意识的过程，从对个体活动的管理到对集体活动的管理，再到有明确的意识和目的的有组织的活动的管理过程。

管理有一个从经验到科学，从简单到复杂的过程。

现代管理学的发展既得益于现代企业的迅猛发展，又促进了现代企业的健康发展，并使现代企业管理学，或者叫现代工商管理学成为一门持续火爆的热门学科，学之者众，从业者多，得益者广。

笔者认为，现代管理的发展和应用可能经历了如下的一个发展逻辑和历史的演进过程：个体活动的管理→少量个体间的协作→无意识组织的协作→有意识组织内部的协作→正规化的单体组织内部的协作→双边组织的协作→多边组织的协作→大型企业组织的管理→巨型企业组织的管理→战略联盟的协调→企业集团的管控→企业集群的治理。

三、现代管理的基本含义

从一般意义上来说，“管理”起源于人类的共同劳动。当人们开始组成集体去达到共同目标时，就必须有管理，以协调集体中每个成员的活动。从字面上看，管理就是管辖、治理的意思。但这种解释不能准确地表达出管理本身所具有的完整含义。长期以来，许多学者从不同的研究角度出发，对管理做出了不同的解释。

“科学管理之父”弗雷德里克·泰罗（Frederick Winslow Taylor）在其名著《科学管理原理》中认为：“管理就是确切地知道你要别人干什么，并使他用最好的方法去干。”

亨利·法约尔（Henri Fayol）在其名著《工业管理与一般管理》中认为：“管理是所有的人类组织都有的一种活动，这种活动是由五项要素组成的：计划、组织、指挥、协调和控制。”

彼得·德鲁克（PeterF. Drucker）在其名著《管理—任务、责任、实践》中认为：“管理是一种工作，它有自己的技巧、工具和方法；管理是一种器官，是赋予组织以生命的、能动的、动态的器官；管理是一门科学，一种系统化的并到处适用的知识；同时管理也是一种文化。”

赫伯特·西蒙（Herbert A. Simon）在《管理决策新科学》中对管理的定义是：“管理就是制定决策。”

当代管理过程学派的代表哈罗德·孔茨（Harold Koontz）认为：“管理就是由一个或更多的人来协调他人的活动，以便收到个人单独活动所不能收到的效果而进行的各种活动。所以，管理就是设计一种良好的环境，使人在群体里高效率地完成既定目标。”

以上所列举的定义虽然观察管理的角度不同，对管理的含义表述也不同，但都从不同侧面界定了管理的内涵和外延，为我们全面理解管理的含义提供了有益的启迪。是否可以将管理定义如下：一定组织中的管理者，通过实施计划、组织、人员配备、指导与领导、控制等职能来协调他人的活动，使组织成员高效率地实现既定目标的活动过程。

其基本含义是：管理是为实现组织目标服务的。管理是一个有意识、有目的的活动过程。一个组织要有一个共同的目标，这个目标既是组织存在的前提，又是管理活动的出发点和归宿，管理是为实现组织目标服务的。管理必须使活动实现预定的目标，追求最优的活动效果。当管理者实现了组织目标时，他们的管理活动就是有效的。

管理是由一系列相互关联且连续进行的活动过程所构成。管理活动通过计划、组织、指挥、协调和控制等职能来实现。

马克思在《资本论》中指出："一切规模较大的直接社会劳动或共同劳动，都或多或少地需要指挥，以协调个人的活动，并执行生产总体的运动——不同于这一总体的独立器官的运动——所产生的各种一般职能。一个单独的提琴手是自己指挥自己，一个乐队就需要一个乐队指挥。一旦从属于资本的劳动成为协作劳动，这种管理、监督和调节的职能就成为资本的职能。这种管理的职能作为资本的特殊职能取得了特殊的性质。"（《资本论》第1卷第367~368页）

1. 管理工作要通过综合运用组织中的各种资源来实现组织目标

管理的效率和效果是管理工作极其重要的组成部分，它主要指输入与输出的关系。对于管理者来说，生产经营资源的输入是稀缺的，他们必须关心这些资源的有效利用，管理就是要使资源成本最小化。

2. 管理工作是在一定的环境条件下开展的

管理必须将所服务的组织看作一个开放的系统，它不断地与外部环境产生相互作用和影响。管理者是在一个高度开放的、与外界世界、外部市场、外部合作者有着千丝万缕联系的组织中进行管理活动的。管理者必须时刻关注环境变化，适时、适当因应环境变化。

四、马克思关于“管理二重性”的精辟论述

马克思精辟地揭示了管理的二重性，为我们全面认识管理的性质奠定了理论基础。管理的二重性是指管理一方面有与社会化大生产、生产力相联系的自然属性，另一方面又有与生产关系相联系的社会属性。

马克思指出：“凡是直接生产过程具有社会结合过程的形态，而不是表现为独立生产者的孤立劳动的地方，都必然会产生监督劳动和指挥劳动。”（《马克思恩格斯全集》第25卷第431页）。通常，我们把指挥劳动与监督劳动称为管理的自然属性。“指挥劳动”这种管理活动是同生产力直接相联系的，是由共同劳动的社会化性质所决定的，是进行社会化大生产的一般要求和组织劳动协作过程的必要条件。这种必要性随着生产力的发展、生产社会化程度的提高而增加，由此产生的管理职能，即一般职能就是合理组织生产力。为了实现这种管理职能而形成的管理技术和方法是由生产力发展水平所决定的，它不会因生产关系或社会制度的改变而变化，它表现了管理的自然属性。“监督劳动”这种管理活动是同生产关系直接相联系的，是由共同劳动所采取的社会结合方式的性质决定的，是维护社会生产关系和实现社会生产目的的重要手段。也就是说，社会生产总是在一定的生产关系下进行的，管理要体现生产资料所有者的意志，维护所有者的利益，管理为巩固和发展一定的生产关系服务，从而表现管理的社会属性。

管理的自然属性表明了凡是社会化大生产的劳动过程都需要管理，它不取决于生产关系的性质，而主要取决于生产力的发展水平和劳动社会化程度，因而它是管理的一般属性，是资本主义管理和社会主义管理的共性。管理的社会属性主要取决于生产关系的性质，并随着生产关系性质的变化而变化，因而它是管理的特殊属性，是资本主义管理和社会主义管理不同的个性。

管理的二重性是相互联系、相互制约的。一方面，管理的自然属性不可能孤立存在，它总是在一定的社会形式、社会生产关系条件下发挥作用；同时，管理的社会属性也不可能脱离管理的自然属性而存在，否则，

管理的社会属性就会成为没有内容的形式。另一方面，管理的两重性又是相互制约的。管理的自然属性要求具有一定社会属性的组织形式和生产关系与其相适应；同样，管理的社会属性也必然对管理的自然属性产生影响或制约。

马克思的管理二重性原理深刻揭示了管理的根本属性和根本职能。只有认识和掌握二重性原理，才能分清资本主义和社会主义管理的共性和个性，正确处理批判与继承、学习与独创、吸收外国管理经验与结合中国实际之间的关系。在遵循管理自然属性的要求，充分体现社会主义生产关系的基础上，实事求是地研究和吸收国外管理中有益的东西，做到兼收并蓄，洋为中用。

五、管理的特征

为了更全面地理解管理的概念，理解管理学研究的特点、范围和内容，我们需要对管理的特征作进一步的分析。

1. 管理的目的性

管理是人类一种有意识、有目的的活动，因而它有明显的目的性。管理的这一特性是我们区别自然界和人类社会中那些非管理活动的重要标志。凡是盲目的没有明确目的的活动，都不能称其为管理活动。只有一个组织的共同目的才是管理的目的。在实际工作中，管理的目的往往具体表现为管理的目标，所以，组织的目标就是任何一个组织管理的出发点和归宿点，也是评价管理活动的基本依据。

2. 管理的经济性

资源配置和内部协调是需要成本的，管理具有经济性。第一，管理的经济性反映在资源配置的机会成本上。管理者选择一种资源配置方式是以放弃另一种资源配置方式的代价而取得的。第二，管理的经济型反映在管理方式、方法选择的成本比较上，在众多可帮助进行资源配置的方式方法中，其成本不同，如何选择这个问题就产生了经济性。第三，管理是对资源有效整合的过程，选择不同的资源供给和配比，就有成本大小的问题，这是经济性的另一种表现。第四，组织内部的协调是有成本的。协调效率的高低，不仅会产生不同的协调成本，而且会产出不同的协调效果，导致不同的经营结果。

3. 管理的人本性

管理最根本的对象是“人”。所谓“人本性”是指以人为根本。管理的人本性，是指在管理过程中以人为中心，把调动人的积极性放在首位。任何活动中，人都是决定的因素，管理也不例外。从管理者来看，管理者是实施管理的人，所以管理者的管理能力直接影响组织管理的水平；从被管理者来看，若被管理者的素质过低，无法接受和理解管理者发出的各种管理信息，或无法自我约束、自主管理，也不能保证实施有效的管理。因此，管理的核心是处理好各种人际关系。在管理过程中，只有把人的要素作为根本，才能协调好其他要素，实现高水平的管理。

4. 管理的科学性

管理具有深刻的科学性。管理理论是科学的。管理理论是对大量企业管理实践经验的科学总结，也是学者和企业家对管理规律的深刻思考所作出的高度概括。管理理论的完整理论体系、管理理论应用于管理实践所产生的巨大效果、管理的蓬勃发展都充分证明了管理理论的科学性。只有承认管理的科学性，才能摒弃那种单凭管理者的个人经验和直觉去管理的模式，管理者才能真正认真地学习管理理论，并自觉地运用管理理论指导管理实践。

5. 管理的艺术性

管理具有高度的艺术性。把一般的管理理论运用于管理实践中从来不是抽象的，管理的实践总是具体的、生动的。管理的艺术性是指管理理论的应用要结合具体的管理环境、条件、对象等，灵活运用。任何管理理论都离不开具体的应用条件，而管理者所面临的管理环境又十分复杂，如何选择和应用管理理论，需要管理者的理性判断和经验技巧。同样的管理理论和方法，在不同国家、不同企业由不同的管理者应用，其效果大不相同，这就体现了管理的艺术性。只有承认管理的艺术性，才能有的放矢地利用管理理论，不盲目地引进和照搬管理模式，才能发挥管理者在管理实践中的创造性。

6. 管理的创新性

管理需要与时俱进，不断创新。管理的创新性是指管理本身是一种不断变革、不断创新的社会活动。管理创新包括管理哲学、管理思想、管理方式、管理手段、管理方法、管理组织的创新等。通过管理的变革，推动社会、经济、企业的发展，在一定条件下，还可以创造新的生产力。在十八、十九世纪，管理还没有真正完成从经验到科学的转变之前，资本主义国家许多企业的生产都达不到在技术上的设计能力，只有到了十九世纪末二十世纪初，由于泰罗等人对管理制度和方法进行了变革，才使劳动生产率大大提高。这一历史事实充分说明了管理的创新性及其重要性。管理的变革既促进了企业的创新，又促进了管理自身方式方法、模式、理念的创新。

7. 深厚的民族根植性

管理带有深深的民族根植性。无论一个国家、一个民族多么开放、包容，其管理哲学、管理思想、管理理念、管理方式方法、管理的人际沟通模式、管理活动中的心理活动机制、情感互动模式，甚至包括管理中的决策模式、决策基准、价值判断标准、市场营销模式与营销基点等，都会打上本国、本民族的深深烙印和鲜明色彩。这些管理中的民族根植性正好反映了所在国家、民族对世界文明的贡献和智慧，共同推动了人类文明的进步和发展。跨国公司往往采用“国际化经营，当地化管理”策略，这就是管理中民族根植性的现实反映和必然要求，也只有这样，跨国公司才能融入当地文化，才能为当地消费者所接纳，企业才能更好地实现包容发展。

8. 强烈的时代性

科技日新月异，市场瞬息万变，国际化全面推进，管理者、被管理者、顾客、合作者都在改变，因此，管理也要因应变化，顺势而为，乘势而上，与时代共进。比如，信息技术、互联网、智能机器人等的发展可能会对企业的生产组织方式、技术管理方式、组织层级关系、内部沟通模式、质量控制方法、计划管理手段、营销渠道模式、市场促销方式、人力资源管理模式、厂商互动模式、供应链和价值链合作模式、政企互动模式、公司治理方式等各个方面都将产生革命性的深刻影响。又比如，国际化会带给我们全新的市场机会、全新的压力挑战、全新的思维视野、全新的资源配置、全新的经营环境、全新的法律政策、全新的经营认知，这一切都要求企业家在经营管理中因时、因地、因势而变，不墨守成规，不因循守旧。真正科学的管理从来不是一成不变的，而是具有强烈的时代性，要能够反映科学技术的最新成果，要能够反映市场的最新变化，要能够反应作为管理主体和客体的“人”的最新诉求和追求。时代始终在不断进步，管理始终在不断发展。

六、“计划”可有可无吗

计划是指定义组织目标，确定战略以实现这些目标，以及制定方案以整合和协调工作活动。

“计划”既可以理解为动词，指制定计划过程中的一系列逻辑的过程；

“计划”也可以理解为名词，指计划制定好后的具体成果，也就是行动方案。

“凡事预则立，不预则废。”中国人做事历来讲究事先谋划、计划、策划、规划，这样正式做起事来就可以井井有条，不慌不忙，忙而不乱，或者忙而有序，忙而有效率，忙而有效果。

我们经常看到很多人整天忙得天昏地暗，但到头来却还是一事无成，或者事半功倍，事与愿违。深究其原因，这些人往往做事没有计划，事前没有谋划，想到哪做到哪，缺乏通盘考虑，缺乏周密思考和合理安排。

“计划”的形式因事而异，或成竹于胸，把计划装在脑海中；或正式于报告，以书面形式呈现于组织中。前者一般适合于小型组织、小事安排；后者一般适合于大中型组织、复杂的事情。现代企业一般都会采用比较正式的、经过许多人认真讨论、论证的计划形式。

计划，特别是企业的计划可以没有吗？不行，必须有！特别是对于处在残酷市场竞争中的企业来说，尤其需要制定科学的计划。

计划是决定组织生存与发展的行动纲领；

计划是组织进行内外协调的前提；

计划是组织指挥实施的行为准则；

计划是管理者进行控制的基本依据。计划可以设定管理者在进行控制时所使用的目标、标准、指标、准则、指南或者行为规范。

计划为管理者和非管理者的工作提供正确指导；

计划的过程是降低企业未来经营不确定性和风险的过程；

计划的过程是减少尊严浪费和冗余的过程；

计划的过程是发现和挖掘企业潜力的过程；

计划的过程是有效配置资源、提高资源使用效益的过程；

计划的过程是发现和弥补企业短板的过程；

计划的过程是全面审视企业经营状况和经营环境的过程；

计划的过程是确定、修正企业经营方针、理念、甚至目标的过程；

计划的过程是能够提高未来企业经营的预见性和风险防控能力的过程；

计划的过程是通过实践培养专业职能管理人才的过程；

计划的过程也是全面提高整个企业经营管理水平的过程。

良好的计划应该具有以下特征：

良好的计划具有科学性，能指导企业更加有效地开展生产经营管理工作；

良好的计划具有预见性，能够指导企业更好地把握市场机会；

良好的计划具有可行性，能够接地气，能够切实可行，且行之有效。

良好的计划具有创造性，能够最大限度地发挥企业家经营才能，最大限度地挖掘企业内部潜力，最大限度地充分抓住外部机遇；

良好的计划具有经济性，能够促进企业资源配置效率的提高，能够促进企业经济效益的提高。

七、如何理解“组织”

“组织”可以理解为动词，也可以理解为名词。

可以从至少三个维度来理解“组织”的内涵：

“组织”可以理解为一个过程：一个创设组织结构、设计制度流程、规定职能职责、界定层级关系、有效整合配置资源的过程。

“组织”可以理解为组织工作：一个组织结构的创设过程或者对原有的组织结构进行变革的过程。

“组织”可以理解为一个结构体系。包括了直线指挥系统、职能管理系统、顾问咨询系统等。既包括了纵向层级系统，也包括了水平系统，还包括了内外交流交易协作系统等。

组织中有三个关键性的概念：组织结构、组织设计和人。

组织结构：组织中正式确定的使工作任务得以分解、组合和协调的框架体系。

组织设计：管理者创设或者变革一个组织的结构。

组织中的“人”：没有人的组织不能称之为真正的组织，顶多只能称之为合乎某种逻辑的“符号系统”。组织不能只见“结构”而不见“人”。人是组织的灵魂，组织是人开展活动的载体。

如果从制度经济学的角度看，“组织”可以理解为一种基于契约的联盟。

稳定有序、运作有效的组织是建立在各方一致认可的契约基础之上的。

组织的契约形式可以多种多样，大致可以分为两大类：

正式契约：包括公司章程、管理制度、流程体系、行为规范、劳动合同、经济合同、保密条款、条例守则等；

非正式契约：包括企业文化、传统惯例、风俗习惯、人际氛围、工作默契、心理契约等。

组织的对象如果从动词来理解，可以包括以下三层意思：

“组织”一个组织：创设组织结构和设计制度、流程、规范等；

“组织”企业资源：组织企业经营所需要的各种资源，并进行有效配置；

“组织”运作过程：确保企业高效率运转，高效益产出。

八、所有的管理者都是领导者吗

“领”：有引领、纲领、“衣”领、领袖、提纲挈领等意思，指方向、指向、战略、要害、关键等；

“导”：有引导、诱导、指导、主导、倡导、传导、劝导、训导、先导、向导、导轨等之意。

“领”和“导”结合起来就是“领导”，其最基本的含义就是为人及组织指明方向、战略，指出要害、关键，并沿着正确的方向对员工和组织进行各种各样的“导”。领导的目的就是把组织和人引向一个正确的方向，使组织和人行驶在正确的轨道上，保障做正确的事情，保障方向与战略的正确。

领导属于管理的职能之一。但要成为一个优秀的管理者，必须努力学习成为一位优秀的领导者。管理学和管理实践所探讨的问题是：管理者如何才能成为领导者。

领导是指带领并影响某个群体和组织以实现目标的过程。

领导的实质就是影响力。领导（力）的本质是一种影响力，是对他人施加影响力的过程，通过这一过程，可以使下属自觉、自愿、自主、自动、自发地为实现组织共同目标而努力。

问题是：所有的管理者都是领导者吗？更进一步说，所有的管理者都是好的领导者吗？未必！从理论上说，所有的管理者要做好管理工作，当然都应该是好的领导者，能够掌握领导艺术，具有领导才能，能够充分调动人的积极性。但事实上，有不少管理者并不具备基本的领导才能和领导艺术，不懂得对人的尊重，不懂得“人性”，不懂得经营“人心”，不懂得激发人的潜力、潜质，只知道一味要权威，经常蛮干而不知早已失去“民心”。这既是管理者个人的不幸，也是下属的莫大悲哀。

领导的权力基础是：正式职权＋个人权力（个人影响力）。

更具体地说，领导的权力基础来自领导者为组织所规划的目标、愿景、规划、蓝图、计划、理念、文化；来自领导者个人的人品、人格魅力、态度、敬业精神、个人修养、心理契约；来自领导者个人的专业才能、知识、经验、能力、见识、学说、成就、地位、领导艺术，等等。

领导力的基础是下属发自内心的信服和尊敬，而不是恐惧和胁迫。

领导者不一定是管理者，但管理者应该成为优秀的领导者。

管理与领导的区别可以分析如下表 1.1 所示。

表 1.1　管理与领导的比较分析

	管理	领导
对象范围	人、财、物、信息、时间、空间信息、技术、文化、环境等	人
变动幅度	小，强调规范性	大，强调因人而“导”
弹性幅度	强调刚性、模式、执行力	强调艺术性、人性、人心、激励力
权力基础	正式职权	正式职权＋个人权力（个人影响力）
动力来源	工资福利、事业发展、职位权力	目标、承诺、愿景、希望、信服、愉悦
管控方法	预算、制度、控制、职权、流程、体系、契约、合同	愿景、价值、目标、文化、信任、和谐
施加方式	指示、命令、指标、任务、监督、政策、梳理、料理、清理、整理、打理、处理	方向、战略、期望、鼓励、激励、引导、诱导、指导、主导、倡导、传导、劝导、训导
常用语言	效率、流程、标准、系统、利润	荣誉、表彰、激励、贡献、自觉自愿、自动、自发、自主、自控
二者关系	“管理”包含了“领导”职能，管理权力是实施领导权力的基础	“领导”是“管理”职能之一，领导才能是做好管理的灵魂和关键

九、“控制”什么

1. 建立全面的经营管理控制理念

控制是基于预期目标、标准来衡量、监控、比较和纠正工作偏差的过程。

控制包括前馈控制、现场控制、反馈控制。

前馈控制是管理者在问题发生之前就采取预防措施以防止问题的发生，而不是等到问题出现之后再予以纠正。

现场控制是指在一项工作活动进行的现场所进行的控制活动。

反馈控制是指在某项工作完成之后所实施的控制，包括对问题的分析、处理及经验教训的总结等。

问题是，在实际的企业经营管理中，管理者具体要控制什么呢?

传统的观点认为，企业经营管理中，主要需要进行四个方面的控制：即进度控制、质量控制、成本控制和库存控制。

本人的管理实践告诉我，上述四个方面的管理控制是十分重要的，但又难以反映现代企业经营管理的真实状况及其复杂性要求，因此需要大大拓展管理控制的内涵和外延，建立全面的经营管理控制理念。

其控制的具体内容可以拓展包括：研发控制、信息控制、营销控制、流程控制、资金链控制、经营方针的控制、经营理念的控制、企业文化的控制、人力资源的控制、供应链的控制、价值链的控制、绩效考核与奖惩控制等。

全面的经营管理控制理念既不同于传统的控制内容（主要是以生产为导向的控制观点），也不同于现在流行的企业内控体系标准（主要是以财务为导向的控制观点），而是一种面向市场，服务顾客，致力于提升和创造企业价值，以增强企业市场竞争能力为核心的新的控制理念。

2. 管理控制是一门艺术

管理控制不仅需要管理者的胆识、魄力、果敢、果断、坚定和坚持，有效的管理控制更需要建立一种管控体系，包括建立起管理的制度、流程、标准、考核、奖惩、技术保障、文化传统、预防和纠错机制等。还需要管理者善于发现问题，把控好控制时机和控制力度。

管理者在实施管理控制中，要善于传播并敢于坚持核心企业文化和经营理念，并持之以恒地贯彻执行。

十、管理学的特点

1. 一般性

管理学主要研究管理活动中的共性原理和一般规律。既然是一般原理，它适用于一切企业组织和事业单位，不管是工厂、学校、科研机构、政府、军队、社会团体还是服务机构，它们为了实现组织的既定目标，都需要完成包括计划、组织、领导和控制等一系列管理职能。在特殊性中孕育共性，需要用管理学中共同普遍的原理和方法去指导。

2. 综合性

鉴于现代管理工作的复杂性，现代管理学涉及许多学科知识，包括哲学、心理学、人类学、社会学、政治学、经济学、历史学、伦理学、数学、统计学、运筹学、系统学、会计学、工艺学、教育学、法学、计算机科学等学科。管理学是一门交叉学科，它要在内容上和方法上综合利用上述多学科的成果，才能发挥自己的作用，这就充分地体现了该学科的综合性。管理学的综合性表现为：在内容上，它需要从社会生活的各个领域、各个方面以及各种不同类型组织的管理活动中概括和抽象出对各门具体管理学科都具有普遍指导意义的管理思想、管理原理和管理方法；在方法上，它需要综合运用现代社会科学、自然科学和技术科学的成果来研究管理活动过程中普遍存在的基本规律和一般方法。管理活动是很复杂的活动，影响这一活动的因素因而也是多种多样的。

3. 实践性

管理学具有很强的实践性。管理学是为管理者提供从事管理的有用的理论、原则和方法的实用性学科，这些共同的理论、原则和方法基本上是实践经验的总结和提炼，反过来又指导实践，这充分说明管理学的基础是管理实践。如果把管理学仅仅停留在某些理论方面的研究，就失去了学科本身的实践价值。管理学的实践性还表明管理学的研究不能闭门造车，也不能盲目照抄照搬。它的可行性标准是通过经济效益和社会效益来加以衡量的。因此，只有把管理理论同管理实践相结合，才能真正发挥这门学科的作用。

4. 模糊性

鉴于管理工作本身既有科学性的一面，又有艺术性的一面，实际工作中所遇到的复杂因素使它在研究方法上不同于数学和自然科学，很难完全定量化，也难于在现实生活中找出绝对理想的最优管理方案。管理科学在整体上重视定性分析和定量分析相结合的方法，追求满意决策。因此从某种程度上讲，它是一门不精确的科学。这并不是要贬低管理学研究的意义，而是要人们认识管理活动的特点，在学习运用管理理论的同时更加重视管理的艺术性，因地、因时、因人制宜地创造适合自身组织的管理经验与管理方法。

十一、管理学发展的演进动力

1. 人性假设的演进推动了管理学的发展

管理学中人性假设的演进大致经历了这样一个历史发展的逻辑过程：经济人→理性人→有限理性人→社会人→自我实现人→复杂人→文化人→道德人→全面发展的人。

每一个新的人性假设的提出，都是对原有人性假设的超越和扬弃，都是对人性观察的新发现、新视角，都是对管理学发展的新推动，都是对管理实践的新指导，管理学的发展是建立在人性假设发展的基础之上的。

2. 科学技术的进步推动了管理学的发展

科学技术的进步全面推动了管理内容、管理方式、管理手段、管理结构、管理模式、管理理念、管理者和被管理者的全面进步。管理的变革离不开技术的支撑，比如信息化对管理学及管理的深刻影响等。

3. 市场结构的演进推动了管理学的发展

在企业经营管理中，从生产者主导的市场转向以消费者为中心的市场，从单一市场转向多元市场，从国内市场转向国际市场，从最基本的生存消费转向感性消费、科技消费、时尚消费、高端消费、个性化消费、安全消费、教育消费、健康消费、度假消费、养老消费、娱乐消费等。这一切市场结构的改变都将对管理产生重大的影响。要求管理的实践和管理理论的发展都必须观察到这种深刻的改变，并主动适应这种变化。适者生存，不适应者消亡，这就是市场竞争的残酷法则。

4. 研究方法的演进推动了管理学的发展

现代管理学从 20 世纪以来得到了极大的发展，这其中一个重要原因要归功于管理学研究方法的革命性进步。随着现代科学技术的发展，很多现代研究方法被导入到管理学的研究领域当中，研究方法的演进使管理从“经验”→“科学”，从模糊科学→“精确”科学，从简单科学到复杂科学。比如数学研究方法、实证研究方法的导入对管理学的发展产生了深刻的影响。

5. 人文社会科学的导入促进了管理学的发展

比如经济学、社会学、心理学、文化学、政治学、法学、地理学、教育学、伦理学、宗教学、军事学等都对管理学及管理实践产生了重要影响，并催生了许多管理学的新分支，比如组织行为学、管理心理学、技术经济学、公司治理理论、消费者行为学，等等。

管理及管理学的发展实际上是沿着三条脉络在发展演进：管理“源”的演进—管理学的思想之源；管理“流”的演进—管理学流派的发展演进；管理“集合”的演进—管理对象复杂性的演进。

管理流派的演进大致包括：泰勒的科学管理原理；法约尔的一般管理理论；韦伯的理想行政组织体系理论；梅奥的人际关系学说；群体行为学派；社会协作系统理论；社会技术系统学派；经验学派；决策理论学派；

系统学派；管理科学学派/数理学派；权变理论学派；经理角色学派；经营管理学派/管理过程学派；企业文化学派；流程再造学派等。

十二、现代管理者的角色定位

管理是指一定组织的管理者，通过计划、组织、领导和控制等职能来协调他人的活动，使别人同自己一起实现既定目标的活动过程；而管理者是指在一个组织中具有一定的正式职权，能够指挥其他人工作并对其工作结果负责任的人。

管理者的能力大小、水平高低往往是决定组织成功与否的关键因素。其实，在一个组织中并不是只有中高级管理人员才是管理者，所有负责行动和决策而又有助于提高组织工作效能的人，都应该像管理者一样思考和工作，都有管理者职能。比如，在所有的知识组织中，每一位知识工作者其实都是管理者，一个信息系统的管理员、一个程序设计师、一个质量管理员、一个工艺工程师等，他们都在承担着部分的管理职能。

组织的目的是使平凡的人做出不平凡的事，使集合效率大于单个效率之和，使组织的集合体能够完成复杂的工作，实现高难度的目标。高明的管理者是一个组织的舵手、船长、引路人，他不在于管理人，而是重在领导人。愈是高层管理者，愈需要发挥领导的作用，愈需要具有卓越的领导才能。

沃伦·本尼斯指出："领导者做正确的事（保证梯子靠在正确的墙上），管理者则正确地做事（把梯子正确地靠在墙上）。"只有将领导艺术与管理才能结合起来才能达到最佳效果。取得成功的方法是75%～80%靠领导，20%～25%靠管理，而不能反过来。领导和管理是两个互为补充的行为体系，管理者面临的真正挑战在于如何将卓越的领导能力和管理能力有机地结合起来。

一个领导者即使有组织赋予的正式权力，但他很可能并没有什么实质性的领导力。权力和领导力有着本质的不同。权力可以通过法律、公司章程等赋予的行政手段让下属就范和服从，但不能改变下属的内在信仰和对上司的基本态度，更不能使下属无缘无故地信服你。领导力是影响他人的一种能力，更是人格魅力。有效的领导力可以影响下属的工作态度、人生观、价值观、信念、行为和情感。它要求领导者以价值为导向，高瞻远瞩，能力卓越，以身作则，身体力行，通过个人魅力、感召力、文化影响力和机制等精神和物质的管理方式，指挥千军万马朝着一个共同目标而努力。因此，现代管理者首先需要确定好自己作为管理者和领导者的“双重身份”，扮演好自己的“双重角色”，深刻领悟现代管理的科学精髓和艺术之道。

其次，现代企业的产品和服务的科技含量愈来愈高，对员工的素质要求愈来愈高，而员工的民主意识愈来愈强，价值观愈来愈多元化，这就使得管理者面临新的挑战：如何培养高素质、高技能的员工？如何贯彻管理者的管理理念？如何建设你所倡导的企业文化？这就要求现代管理者有能力做好“三师”：教师、导师、牧师，即成为不遗余力地培训员工知识与技能的教师；清晰地灌输管理理念的导师；执着地传播企业文化和核心价值观的牧师。

“三师”型的管理者要求管理人员当好“三员”：教练员、指挥员兼运动员。即工作的教练员，行动的指挥员，身体力行的运动员。经受“四炼”：锻炼、历炼、磨炼、修炼，即在各种机会中锻炼；在工作实践中历练；在艰难挫折中磨炼；在学习领悟中修炼。

参考文献

[1] 孙成志，刘明霞，杨巨山. 管理学 [M]. 大连：东北财经大学出版社，2006.

[2] 周三多，陈传明，鲁明泓. 管理学——原理与方法 [M]. 上海：复旦大学出版社，1999.

[3] 杨洁，孙玉娟. 管理学 [M]. 北京：中国社会科学出版社，2006：6.

[4] [美] 丹尼尔·A. 雷恩. 管理思想的演变 [M]. 孙耀君，李柱流，王永逊，译. 北京：中国社会科学出版社，2002.

[5] 郭咸纲. 西方管理思想史 [M]. 北京：经济管理出版社，2004.

[6] 姜杰. 西方管理思想史 [M]. 北京：北京大学出版社，2007.

[7] 杨加陆，方青云. 管理创新 [M]. 上海：复旦大学出版社，2003.

[8] 冯国珍. 21 世纪企业管理发展趋势分析 [J]. 江西社会科学，2002 (10).

[9] 杨海燕. 论管理的发展趋势 [J]. 商场现代化, 2007 (4).

[10] 李丽清, 周小刚. 当代管理理论发展的新趋势 [J]. 企业家天地, 2005 (2).

[11] 王永建. 基础管理再加强 [J]. 中国电力企业管理, 2008 (4).

[12] Smith Adam. An Inquiry into the Nature and Causes of the Wealth of Nations.

[13] Urwick Lyndall, ed. The Golden Book of Management Thought. London: Newman Neame, 1956, 9.

[14] Charles Babbage. On the Economy o Machinery and Manufactures. London: Charles Knight, 1832.

[15] Taylor. The Principles of Scientific Management. 1911.

[16] George Claude S, Jr. The History of Management Thought. 1968.

[17] Drucker Peter. The Practice of Management. New York: Harper&Row, 1954.

[18] Fayol Henri. Administration Industrielle et Generale. Paris, Dunod, 1916.

[19] Lyndall Uriwicked, The Golden Book of Management. New York: Arno Press, 1956: 26.

第二章　管理理论中人性假设的演进逻辑及其超越

1957 年，美国学者麦格雷戈在《企业中人的方面》一书中首次提出“人性假设”这一概念，他认为：“每一个管理决策或每一项管理措施的背后，必有某些关于人性本质及人性行为的假定。”① 而不同的人性假设衍生出不同的管理学理论以及各具特色的管理原则、方法、制度、准则，这就要求我们看到人性假设在管理过程中所起到的作用。以往的管理理论都是对当时管理实践状况的反映，这些理论中不同的人性假设都蕴含着某种程度的合理性，但也有一定的局限性。所以对人性假设的发展轨迹进行考察、分析将有助于我们认清管理发展的历史趋势和内在要求，树立科学的人性观，建立科学的管理理论，并以此来引导自己的管理认识活动和管理实践活动。

一、人性假设理论的演进轨迹

自美国学者麦格雷戈首次提出人性假设这一概念以来，众多的中西方学者对此进行了深入研究与论述。其中具有代表性的观点有：① 沙因的四分法：“经济人”“社会人”“自我实现人”“复杂人”。② 麦格雷戈的“XY 理论”，大内的“Z 理论”，以及摩尔斯和洛什的“超 Y 理论”。③ 美

---

① D. McGregor. The Human Side of Enterprise [M]. New York: McGrawHill, 1960: 20.

国学者西蒙和马奇的“机械人”“动机人”和“决策人”模式。④ 国内学者刘纪言的“经济人”“社会人”和“管理人”三分法。⑤ 国内学者张尚仁的“工具人”“经济人”“社会人”和“决策人”四分法。笔者试图以历史的时间序列以及社会经济形态的演进发展为轴线，结合前人的研究成果对人性假设理论的演进轨迹进行一个较为系统的梳理。

1. 农业经济时代的人性假设

“工具人”假设是西方最早的人性假设理论，产生于古代中世纪奴隶社会的管理实践之中。基于当时农业经济条件下的技术发展和生产力发展水平，“工具人”假设关注的是人的“物性”而非“人性”。在这种人性假设的指导下，管理者和被管理者是截然对立的，双方处于不对等的地位并且缺乏起码的平等沟通交流的平台。管理者只关心作为“活的机器”如工具般的效率，而漠视作为“人”的劳动者的存在，视其为孤立的个体，缺乏工作的动机，难以在工作中发现并实现自身价值。

基于“工具人”假设之上的管理模式虽在一定程度上维护了社会的稳定并推动着社会缓慢向前发展，但该假设的实质在于取消了管理对象的“人”的资格，认为他们并不具备人的本性，只是管理者实现其目的的手段，因此，这种人性假设随着社会的发展逐渐失去了合理性。

2. 工业经济时代的人性假设

发生于18世纪中期至19世纪的第一次技术革命和19世纪下半叶的第二次科技革命，使社会生产力得到了极大的解放，产业结构发生了重大变化，人类社会由农业经济时代进入到工业经济时代，人类的管理实践从此由经验管理阶段进入到科学管理阶段。美国学者沙因（Edgar H. Schein）通过深入了解人性假设的内涵，作出的对人性假设的类型划分是目前最被广泛接受的观点。按照沙因的分析，在工业经济时代背景下西方管理论中的人性假设大致经历了以下几个发展阶段：

（1）“经济人”假设。对于这一概念最初究竟出自哪位学者，目前主要有两类观点：① 四位学者论：由亚当·斯密定性地描述引出了“经济人”这一抽象概念；西尼尔从定量方面提出了个人经济利益最大化公理；约翰·穆勒在斯密和西尼尔的基础上提出“经济人”假设；最后这个特定名词由帕累托引进到了经济学中。② 五位学者论：“经济人”是由孟德维尔假设的、亚当·斯密假设的、李嘉图假设的、马克思假设的和奥地利学派假设的这五种假设综合而成。就上述观点而言，大部分学者倾向于认为该假设最初思想来自英国古典经济学家亚当·斯密（Adam Smith）在《国富论》中的描写。这一概念自提出来后就很快被学术界所认可，并广泛地应用于各类著作和研究之中。

该假设的基本观点是：① 人类存在尽可能增加自身利益的愿望，其一切行为都是为了最大限度地满足自身私欲，而且受经济利益驱使。② 大多数人生性自私、懒惰、厌恶工作，并且都乐于为人所监督，回避职责、不具雄心，唯有强施威压、严厉监控才能督促他们努力完成工作目标。③ 大多数人的个人目标与企业目标相矛盾，必须采取强制举措才能迫使他们为组织目标而工作。

“经济人”假设思想是社会发展到一定历史阶段的产物，是资本主义生产关系的反映，它的提出标志着社会的巨大进步。该假设就提高组织工作的精确性和保持组织秩序的稳定性、纪律性等方面优于其他管理体系，所以至今仍然具有其不可取代的实践价值。但是该假设强调经济诱因对人的行为的影响，凸显人本性中的“恶性”与“被控制”，只看到了人追求物质利益、懒惰的一面，便把追求自身利益最大化作为对人性的全部概括，仍旧把人作为创造价值的工具，真正重视的是资本利润而非人的价值，表现出对人性认识的局限性。

（2）“社会人”假设。自 1924 年开始，美国哈佛大学的人际关系学家乔治·埃尔顿·梅奥（George Elton Mayo）领导其研究小组进行了著名的历时九年的霍桑实验，根据实验结果梅奥于 1933 年在其发表的《工业文明的人类问题》一书中提出了“社会人”假设。随着该假设的提出以及人际关系学说的发展，大量学者开始关注管理活动中人的因素并开始进行科学系统的研究。

该假设的基本观点是：① 人不是孤立的，而是存在于群体中具有归属感的“社会人”，良好的人际关系对于调动工作积极性起决定作用。② 人不仅有物质方面的需求，还有社交、归属、感情等社会心理方面的需求，社会需求和自我尊重需要才是个体积极工作的动机来源。③ 非正式群体有特殊的规范并对其成员行为有较大的影响，管理者不能只重视正式组织而忽视非正式组织的存在。

与“经济人”假设相比，“社会人”假设对于人本质的理解迈进了一大步，开始意识到人的重要性与人的社会性需求，认为调动人的积极性主要在于人的社会、心理方面，注重满足人的精神需求和社会需求，并试图在组织中建立一种比较协调的人际关系。但是该假设过于重视情感、心理等非理性因素，否定了理性在人类行为中的主要作用，这便走向了另一种片面。我们认为梅奥所提倡的其实是一种工作中的社会合作，而且“社会人”其实是对“经济人”的补充，而不是否定与取代。

（3）“自我实现人”假设。该假设最初是由美国著名的人本主义心理学家亚伯拉罕·马斯洛（Abraham H. Maslow）于 1954 年出版的《动机与个性》一书中提出来的，在其“需求层次理论”的基础上，综合克里斯·阿基里斯（Chris Argyrols）“成熟—不成熟理论”、麦格雷戈的“Y 理论”以及赫茨伯格（Frederick Herzberg）的“双因素理论”，形成了比较完整的“自我实现人”假设。

该假设的基本观点是：① 人的动机和需求是多层次的，人们希望最大限度地利用和开发自己的才能，从而有机会使自身获得发展与成熟，自我实现是工作的最大动力。② 人能进行自我刺激、指导和控制，力求在工作上实现自治和独立，外部的激励和控制不是实现组织目标的唯一途径。③ 人有追求满足欲望的需求，个人自我实现同组织目标并不冲突，在适当的条件下，二者是统一的。

“自我实现人”假设是“社会人”假设的继承和发展，该假设高度重视人的价值、尊严和发展，注重个体自我价值的实现与主观能动性的创造性发挥，体现出以人为本的理念。但该假设只重视到了“自我实现人”人性实现的生理基础，忽视了影响其形成的社会性制约，没有考虑到人的理想信念在一定的环境下可以抵制低层次的需求，而服从高层次需求的这种特殊情境。

（4）“复杂人”假设。美国行为科学家埃德加·沙因（Edgar H. Schein）在1965年出版的《组织心理学》一书中提出了“复杂人”假设。他在综合了“经济人”“社会人”和“自我实现人”这三种人性假设的基础上，认为：“人们的需要与潜在欲望不仅是多种多样的，而且这些需要的模式也是随年龄与发展阶段的变迁，随所扮演角色的变化，随所处境遇及人际关系演变而不断变化。”①

该假设的基本观点是：① 人的需求是多种多样的，既有生理、心理的需求，也会有经济和政治的需求，这些需求随着人的发展和生活条件的变化而发生改变。② 不同的人有不同的需要，需要的层次也因人而异，人的能力也相应各有差异。③ 人在不同的时间和地点有不同的需要，不同的需要构成不同的动机，各种动机之间交互作用而形成错综复杂的动机模式。

“复杂人”假设更为深刻地阐明了人的主观能动性，认为普遍的人性是不存在的，应根据不同的管理情境、不同的管理对象采用权变的管理措施。但该假设也有其缺陷，它过分强调个别差异性、管理的应变性和灵活性，忽视了作为人所具有的一些共同本性，使管理者无所适从，缺乏可操作性，因而为之后的人性假设发展提供了空间。

3. 知识经济时代的人性假设

20世纪80年代以来，随着科技革命不断深入、高科技及其产业迅速崛起，劳动生产率得以大幅度提高，深入改变了传统产业的技术面貌，人类社会逐渐由工业经济时代向知识经济时代过渡，人在管理中越来越受到重视。这一时期的人性假设得到了长足发展，出现了百家争鸣的局面。

（1）“文化人”假设。1981年，日裔美籍管理学家威廉·大内（William Ouch）发表了《Z理论——美国企业界怎样迎接日本的挑战》，分别从社会和组织文化的角度分析日美两国企业的不同和利弊，强调要重视人的问题，培养员工与组织一致的目标与价值观念才能使企业获得成功。文

---

① ［美］沙因. 组织心理学［M］. 余凯成，译. 北京：经济管理出版社，1957：116.

中虽未直接提出“文化人”假设，但其中文化、价值观决定人的行为这一观点，就蕴涵了这个名词的实质性内容。随后，美国哈佛大学阿伦·肯尼迪（Allen Kennedy）和特雷斯·迪尔（Terrence Deal）于1982年出版了《企业文化：企业生活中的礼仪与仪式》一书。他们经过搜集美国数百家企业大量的资料提出了“文化人”假设，进一步揭示了人性的本质，得出结论：“强有力的企业文化是企业成功的金科玉律。”“人是环境的动物，环境是自变量，人是因变量，人的未来是不可知的。”①

该假设基本观点是：① 人是文化的主体，是文化的创造者、传播者和继承者，文化是社会经济发展的内在动因。② 企业中的人是有思想、有观点、有情感的人，组织文化中的核心价值观对人的行为起着支配作用，企业文化能有效地调节人与人之间的关系，规范和约束人的行为。③ 人的行为最终取决于其价值观等文化因素，人们在生产工作中的表现会受其长期所处环境的文化和价值观念的影响。

“文化人”假设的提出是人们在知识经济时代对人性的一种新的认识，越过对个体的社会、心理层面的关注，直接进入对人的行为更有影响力的文化价值层面。但是该假设过多地强调了人的文化性和精神性，忽视了人的自然性和客观性；往往将人的文化性看成是与生俱来的，忽视了诸多社会因素对人的文化性的影响。对此，我们认为好的组织文化是组织成功的重要因素，但并非有了好的组织文化就一定可以获得成功。

（2）“创新人”假设。西方学术界公认的20世纪最重要思想家之一，恩斯特·卡西尔有过如下论述：“从事历史创造活动的人，尽管在不同的活动中的具体目标、结果、过程各不相同，但都必然地趋向于一个共同的总目标、总结果、总过程——在创造文化的活动中把自己塑造成真正意义上的人。”② 到了21世纪，国内众多学者相继提出并论证了“创新人”这一人性假设，他们论述的共同点在于要以“创新人”假设作为新时期管理活动的理论基础，使个体与组织都能适应外部环境的变化，从而实现双方

---

① ［美］特伦斯·迪尔，艾伦·肯尼迪．企业文化：企业生活中的礼仪与仪式［M］．李原，译．北京：人民出版社，2008：23、45．

② ［德］恩斯特·卡西尔．人论［M］．甘阳，译．北京：西苑出版社，2004：107．

良好与可持续性的发展。

该假设的基本观点是：① 创新是组织发展的内在要求，组织需要“创新人”，“创新人”也离不开组织。② 每个人都具有创新的潜力，创新是人的本质需要。③ 人的本质就是创造，创新为人突破种种条件限制、实现人生价值提供了一条最佳途径。④ 人的主体性要通过创造体现出来，人最本质的需要是从事创造活动的需要，最本质的能力是从事创造活动的能力。

“创新人”假设是一种双向互动的全方位预设，重视个体以及管理主体创新能力的发展与提升，强调组织创新环境的建立和完善，从而促进人的全面发展。组织可通过提供创新所需要的条件来满足个体创新的内在需求，削弱其对外在激励与控制因素的依赖性，使组织成员形成对工作的主动性以及持久的工作动力。

（3）“目标人”假设。随着管理实践的发展，有关专家从现代心理学和管理学的共同视角，重新思考有关人性的问题，提出了“目标人”假设。天津商学院的孙蕾于 21 世纪初在她发表的文章中总结了“目标人”假设的理论要点和具体在管理实践中的运用策略。该假设认为个人所追求的目标体现着个人的价值观，激励着个人的行为。孙蕾提出通过培养员工的成就感、教育员工认同组织目标、促进组织和个人目标相互内化、采用具有亲和力的领导方式，以及通过建立组织气氛、文化激励等策略来激励员工。

该假设的基本观点是：① 在现实的工作和生活中人们都有各自的心理目标，在追逐目标的过程中实现工作和生活的意义，并不断形成更高层级的目标。② 个体的心理目标分别由生存、社会关系和发展这三个层次有机构成，形成一个动态、有机的目标体系，这三个层次的目标在不同情境下分别成为不同的心理动力模式，产生不同的个体行为。③ 个体的心理目标主要形成于后天教育和社会交往之中，同时个体的行为方式的形成受到实践的成功与否和他人态度的影响。[①]

---

① 孙蕾.“目标人”的人性假设与成就激励［J］. 商业研究，2001（4）：42—44.

（4）“理性生态人”假设。全球范围的环境危机引发越来越多的人关注和研究生态伦理学，研究者将关注的目光投向人类生态化发展方向的“理性生态人”行为模式的塑造。中国社会科学院环境与发展研究中心的徐嵩龄先生首先提出并定义了这个概念，他认为：“当代严峻的环境问题，其实质都是生态问题。生态可解读为生命的存在状态。”[①] 同时对该假设以如下原则加以规范：

① 人地和谐的自然观。不使自然资源消耗超过它的可再生能力，不使环境对人类废弃物的承纳量超过它的代谢能力，对发生环境破坏的地方尽快进行治理和恢复。② 生态安全。失去生态安全的最大效益是虚假、短期的，有关决策应将生态安全置于首位，并具有否决权。③ 公平与正义。一个人在社会中的权利、责任、义务三者是统一的，权利享有者需承担起与其权利相对应的个人之间的，地区性的，以及国际性的社会责任与自然责任。④ 双赢竞争方式。双赢现已成为相当流行的贸易话语，双赢竞争不只是在双方之间而应在三方之间进行，其中第三方是指双方竞争所产生的外部性的影响者。⑤ 利益最优化。要求人们在进行决策时尽可能全面系统地考量，尽可能将高代价的负面影响变为低代价的，决策行为不能以单纯的利益最大化为原则，而应以利益最优化为原则。[②]

组织要获得长远发展除了做好内部的系统优化外，还应如自然生态系统那样自觉地调节适应外界的变化，融入周围其他组织生命系统中与其互利共生，实现组织的可持续发展，让组织系统获得长远的回报。

4. 信息经济时代的人性假设

随着信息革命的冲击，信息技术、计算机网络的飞速发展彻底改变了世界的图景，世界面临着信息化、全球化两大趋势。信息技术的迅猛发展，使知识的分享和使用在技术上更为可行、经济上更为合算，同时也给企业管理和传统的管理理论带来了许多新的状况和课题。在这样的时代背

---

① 黄志斌. 绿色和谐管理论［M］. 北京：中国社会科学出版社，2004：76.

② 徐嵩龄. 环境伦理学进展：评论与阐述［M］. 北京：社会科学文献出版社，1999：419.

景下孕育产生了基于信息化与全球化视角的、符合当下时代特征的人性假设新观点。

（1）“虚拟人”假设。互联网的迅猛发展给人类的生产、生活和思维方式带来了革命性的变革，管理活动基本上全部体现为一系列符号化过程，人类进入到一个文化要素越来越符号化的时代。胡蓉、王凤海在分析了人性的“符号化”发展趋势以及“符号化”人性的变化特征的基础上，提出了“虚拟人”的人性假设。周甄武认为数字化革命致使人的虚拟性得以充分彰显，成为人性中最耀眼的部分，虚拟性和现实性构成了人性的两极，开启了人们对人性问题研究的新视域。该假设表现出对特定现实基础即信息时代中人的个性的关注，是对传统人性假设外延的扩大和发展。

该假设基本观点是：① 人与人之间关系逐渐符号化、虚拟化，人的时间、空间观念要素以及人的理智、知识都开始逐渐符号化、虚拟化。② 人们的思维过程逐渐转化到符号化的虚拟世界之中，并成为现代人们思维方式的一部分，行为方式随着思维方式的转化也已经深深地打上了符号化的烙印。③ 符号化的思维方式与行为逐渐成为人类生活中最富有代表性的特征，人类的管理实践活动的有效运行也越来越依赖于像互联网这样的虚拟符号世界。①

（2）“信息人”假设。这个概念最早由美国情报学家兰卡斯特提出，他认为在信息社会起主导作用的是信息人。我国学者卢泰宏在20世纪90年代初探讨了该问题：“信息人就是在现代信息环境中和信息时代中，人逐渐形成了一些共同性的信息行为和信息心理，并且构成了人的重要后天性特征。”② 岳剑波认为“信息人就是具有一定信息意识和信息能力，具备合理知识结构的人”。③“信息人”是网络社会的主体，是虚拟实在的支撑。不仅如此，“信息人”的普遍呈现使得个人的生活方式将被改写，人类的生存状态也将重新编码。

该假设的基本观点是：① 人的一切行为都与信息有关，任何人都是

---

① 胡蓉，王凤海．“虚拟人”假设及其管理哲学［J］．财经问题研究，2003（2）：19—23．

② 卢泰宏．信息人与信息心理法则［J］．情报学报，1989（4）：208—212．

③ 岳剑波．信息环境论［M］．北京：书目文献出版社，1996：88．

"信息人"。信息需求是人生存和发展的本能，人是信息动物，人不仅生活在复杂的信息环境中，而且人自身就是一个复杂的信息处理系统。② 追求自由（包括时间自由和空间自由）是"信息人"的最大目标。在自身能力和现实条件保障下，每个人在行动中都理性地追求充分信息，期望用最小的投入获得最多的信息。③ 每个人的信息行为都是可预期的，这些行为成为社会信息进步的推动力，人类对信息获取和处理能力的增强都受到"理性信息人"的推动。④"信息人"主体身份的虚拟化导致了异于现实世界的新交往模式的产生，其归属也不同于正常社会化渠道。

（3）"全球人"假设。20 世纪末期，在现代信息技术的冲击下，世界各国不断超越民族国家的界限和壁垒，全球经济、政治、社会、科技、文化呈现出了相互依存、协同发展的格局。美国未来学家 G·帕斯卡尔·扎卡里根据全球化的现实和未来的发展趋势提出"人的全球化"的人类学崭新命题，在扎卡里看来，"全球人"是与当代经济与技术时代相适应的，是"滴出全世界的血"的人，即世界上各民族文化融合混血的产物。因为全球人集聚了各民族的智慧、能力和创造力量，所以他是"经济发展和革新的源泉"，是"经济竞争力和民族活力的秘诀"，是"地球上最强有力的社会力量"[①]。

全球化对人的生存和发展产生多方面重大影响：① 使人逐步摆脱狭隘、地域性制约与限制，成为面向未来的、开放的、普遍的世界历史性的人。② 人们开始突破狭隘的地区性范围，冲破民族国家的界限，在更广阔的范围甚至全球范围内开展各方面的活动，进行广泛的交往，建构多方面的联系，使自己多方面的需求不断得到满足，多方面的能力不断得到发展。③ 全球化促进了人与人普遍交往的日益形成，有利于促进人的社会关系的全面发展。④ 全球化为人的全面发展提供了新舞台，同时也为人的发展带来新的问题，我们应该趋利避害、辩证看待，准确把握全球化进程中人的生存和发展趋势。

---

① ［美］G·帕斯卡尔·扎卡里. 我是"全球人"［M］. 林振熙，等，译. 北京：新华出版社，2002：5.

二、人性假设演进的内在动因

人性是活生生的人的现实属性，以人的生命存在为前提。人有维持自身生存的物质欲望和需求，人的需要和人性层面的属性是人发展的内在驱动力，也是人性假设演进的内部驱动力。

1. 人的需要与人的发展

现实生活中，人们的劳动、学习、工作其实质就是为了谋生存、图发展，也正是这种内在的驱动力促使着人类不断地从事改造、利用、征服自然的实践活动。社会实践创造了人的社会关系，同时也创造了人的新的需要，使其永远处于运动、变化之中，基本需要得到满足和更高需求的出现是人性创构的不竭动力，也正是人的需要的层序性决定了人性假设的动态发展历程。

2. 人性的层面与人的发展

人性是一个系统综合体，它表达了基于人本质之上的人的各种内在需求，表达了人的各种极不同的生活机能和表现的统一性。人的基本属性对人性假设的发展或多或少地起到了隐性或显性的影响①：

（1）人的自然属性与人的发展。人在改造自然界的同时，已把自己的自然需要改造成真正的人的需要，但人永远是自然界的一部分，永远不可能摆脱自然属性，人的行为不论多么具有理智与社会性，其动物的本能都无法在行为中彻底消失。无论人是否自觉意识到，自然本能总不可避免地支配着人类。本能的欲念、冲动、追求总常常成为人类行动的一个内在驱动力。因此，人的自然属性是构成人性系统的第一个层面，也是最基础的层面。人的行为由动机决定，而动机又取决于人的需要。“工具人”和“经济人”关注的是人的低级需求，即生存的需求，展现的是人的自然属性，片面地认为人的行为完全受经济动机的支配。

---

① 王孝哲．论人的基本属性［J］．泉州师范学院学报（社会科学），2008（5）：16—19.

（2）人的社会属性与人的发展。人在改造自然的生产实践中形成了社会，在实践活动中把自己从动物界提升出来，创造出了人之为人的一切特征。人的社会属性使人随着社会变化而变化，随着社会发展而发展。一个人社会化程度越高就越能把自己和社会紧密联系起来，把自己生存发展的权利同对社会的责任义务结合起来，充分占有人之为人的社会性本质。从“社会人”开始，不论是“自我实现人”还是“复杂人”都开始关注人的社会属性，认为人的行为动机不仅仅是经济需要，更高层面的社会需要、良好人际关系和自我实现对人会有更大的影响。

（3）人的精神属性与人的发展。人的个性自由是人类自身觉醒解放的标志之一，也是社会解放、文明发展的重要尺度。个性自由永远是个发展中的概念，我们只能说到了物质财富极大丰富、社会制度极为文明、人性觉醒、不为物役的未来社会里，个性自由才能达到充分的实现，人性也就达到了最高的层面。截至工业经济时代，人性假设关注的是人的短缺需要，即物质需要和社会需要，知识经济时代的人性假设开始关注人性的精神层面，在现实社会关系的基础上提升人的价值与主体性，挖掘人的潜力。“文化人”“目标人”“创新人”在发挥人的主体功能过程中强调以人为本，“理性生态人”则开始关注人与自然、人与社会、人与人的和谐发展。

（4）人的科技属性与人的发展。从手工工具标志着人类文明开始到人类通过劳动手段从动物中升华出来，以及之后动力制造与科技革命而带来的人类生产力的迅猛发展，人类开始用自己的力量去征服、改造自然，直至如今，人类通过网络、信息技术方面的创新与革命，实现体力劳动向脑力劳动的转变，这一切无不归因于人所潜在的创新能力与科技属性。信息经济时代的“虚拟人”“信息人”“全球人”人性假设的发展，也都因此孕育而生。

三、人性假设演进的外部动因

1. 科技进步与人的发展

技术是人类社会发展的首要推动力，对人类社会的生产、生活的方式产生了重要的影响。科学技术进步也同劳动变换、人的发展紧密地联系在一起，并为其提供了强有力的技术支撑①：

（1）科技进步变换了人的劳动形式，劳动过程中体力劳动不断减少，智力劳动相应增加。劳动不再像以前那样被包括在生产过程中，相反地，表现为人以生产过程的监督者和调节者的身份同生产过程发生关系。

（2）专业化设备的使用促进劳动生产率的增长，引起劳动过程的分解，产生了完成有限数量动作的业务工人。这种情况降低了对工人熟练程度的要求，使工人固定在狭窄专业上的职能划分。

（3）信息科技革命最显著的是带来了体力劳动向脑力劳动的转变，使脑力劳动将成为社会的基本劳动形式，为人的劳动活动成为自由创造性的活动提供了重要的物质技术基础。

（4）生产过程的高度自动化要求人们具有更高的心理、道德上的可靠性以及新的道德品质。同时，劳动产品日益成为集体精神力量的对象化，也就要求人们具有积极主动的精神来自觉地进行创造性活动。

2. 社会经济形态与人的发展

所谓社会经济形态是指"与一定的生产力性质和水平相适应的，并有政治的和思想的社会上层建筑竖立其上的社会经济关系、社会经济结构。它是人类经济活动的社会形式"②。人的发展总是建立在一定的社会经济基础水平和特定的经济关系之上。

（1）原始自然经济形态与人的发展。原始自然经济形态下人的活动本身自始至终都显现着一种浑然综合性，人与对象条件呈现着一种自然一体性。此时，无论个人还是社会都没有想象过会有自由而充分的发展，人的发展还仅仅停留在维持基本生存的状态，是为满足自身需要而生产。

（2）交换关系形态与人的发展。交换关系形态是以商品经济为基础的人类社会发展的第二种形态，这一形态是随着大工业机器体系的出现以及

---

① 许嵩正．论马克思的生产力理论［J］．福建论坛·人文社会科学版，2007（9）：4—8.

② 许嵩正．伦理经济学再论：经济选择与人的发展［M］．北京：中国财政经济出版社，2001：28.

生产日益社会化而实现的。交换关系形态下的生产不是为生产者自身需要，而是为市场而生产，此时，劳动的手段和目的是分裂的，劳动者仅仅只是为了换取生活资料而去劳动，维持肉体的生存和取得物质财富成了终极目的，由此带来了劳动者劳动热情、人格的丧失，致使该时期的人的发展是片面的。

（3）市场经济形态与人的发展。在市场经济体系下产品和服务的生产及销售完全由自由市场的自由价格机制引导，市场将会透过产品和服务的供给和需求产生复杂的相互作用达成自我组织的效果。市场经济运行的特点在于：以市场竞争为基础、资源配置市场化、经济行为主体的权责利分明。市场经济极强的吸纳能力和兼容能力与其经济模式的多样性和丰富性促使人的发展也趋向于更加全面与多样，在管理实践中，人的自主性越来越受到关注，人的个性与价值也越来越得以凸显。

（4）自由经济形态与人的发展。自由经济形态是未来或现在刚处于萌芽状态的社会形态，在这个时代再也没有可以不依赖同他人交往而生活的人。对于人的发展来说商品经济的发展带来社会剩余劳动的剧增，巨量剩余劳动转化为社会成员发展的物质条件和充足的自由时间。自由社会经济形态下的人享有充足的自由时间，就等于享有了充分发挥自己的一切爱好、兴趣和才能的广阔空间。一方面是自由时间的充沛，另一方面是劳动本身的升华，二者的结合促使人的全部生活活动成为完整的自主活动以及人的全面发展。

四、对人性假设理论演进的展望

伴随着人的需求对人的内在驱动，以及科学技术、经济形态对人的发展的外部推动，人的发展取得了长足进步，人性假设在人的发展基础上不断纵向发展。现有的各种人性假设都只是在不同程度上揭示了人性在某些局部的静态表现，未来的人性假设将更多地关注人性发展的动态过程，是对人性的整体、全面的把握，而不再是局限于人性的单一侧面或状态。

1. 人的主体性和自主性将会日益彰显

未来的人性假设会更多地消解传统意义上管理者与被管理者的对立性，彰显人的主体性，组织中每个人的个性和人格是独立、完整的，人在组织中有分工和职位的差别，但在管理中一律处于主体和平等的地位，不存在谁依附谁、谁掌控谁的关系，而是为了实现组织的共同目标所进行的平等、协商、协作、支持、服务、信任、连贯、逻辑的关系。

2. 人的个性自由渐获尊重

个性所反映的是具体的、行动着的人，个人的需要由于各种原因只能部分满足，而且每个人得到满足的程度也会有所不同。因此，必须了解人的需要的多层次、多方面的立体性，并在实践中保障人的个性自由发展，充分肯定个体需要的多样性，彰显组织成员的个性。

3. 人的本性不是追求某单一价值，而是追求价值的全面性和总体性

不同的时代背景下，人追求的各种价值之间的比重不尽相同，但没有仅仅只想追求某一种价值的人，所以人最终追求的是各种价值的综合与均衡。

4. 科学技术的发展对人性塑造的影响越来越大

现代科技革命对社会和人的发展产生的影响和作用，已无法用具体的言语与数据来展现，科学技术的发展影响着人类生产、生活的方方面面，在对人行为的塑造中扮演着越来越重要的角色，人的全面发展离不开科技的支撑，造就一代新型的人，正是当代科技革命所引起的社会变革的内在需求。

管理理论的发展植根于深厚的人性基础，人及人性的发展对管理理论的发展也有巨大的反作用。我们回顾管理实践中人性假设理论的演进逻辑，它所标志的不单是社会历史的进步、管理科学的发展和完善，更是人类对自身生存现状的一种反思性的超越，从而引导我们更好地进行管理实践活动。

参考文献

［1］［美］雷恩．管理思想的演变［M］．孔令济，译．北京：中国社会科学出版社，2000.

［2］［美］沙因．组织心理学［M］．余凯成，译．北京：经济管理出版社，1957.

［3］许嵩正．伦理经济学再论：经济选择与人的发展［M］．北京：中国财政经济出版社，2001.

［4］姜利军．管理理论中人性假设模式综述［J］．经济学动态，2000（5）：68—71.

［5］陈其人．论“经济人”和利己利他［J］．当代经济研究，2003（1）：24—28.

［6］吴昊．“创新人”——一种人性假设新理念［J］．科学管理研究，2000（5）：6—10.

［7］刘志光．人性假设与管理创新［J］．华南师范大学学报（社会科学版），2003（6）：7.

［8］孙蕾．“目标人”的人性假设与成就激励［J］．商业研究，2001（4）：42—44.

［9］吴继霞．“理性生态人”：人性假设理论的新发展［J］．道德与文明，2001（2）：29—32.

［10］冯志宏．理性生态人：人的发展的未来走向［J］．改革与战略，2012（12）：9—11.

［11］胡蓉，王凤海．“虚拟人”假设及其管理哲学［J］．财经问题研究，2003（2）：19—23.

［12］周甄武．论人的虚拟性［J］．东岳论丛，2007（5）：141—145.

［13］文庭孝，罗贤春．“信息人”假设及其现实意义［J］．情报理论与实践，2011（10）：1—4.

［14］李大兴．全球化与人的全面发展［J］．北京行政学院学报，2003（1）：64—68.

［15］冯务中，李义天．几种人性假设的哲学反思［J］．社会科学家，2005（5）：7—11.

［16］李燕，武忠远．西方人性假设理论及其启示［J］．商业时代，2008（29）：7—8.

［17］朱建华．西方管理理论中人性假设的演变和启示［J］．经营管理者，2010（14）：100.

[18] 杜慕群. 基于人性假设的中西方管理沟通理论综述 [J]. 产经评论, 2010 (5): 93—101.

[19] 钟贞山. 人性假设的理论发展与时代价值 [J]. 云南社会科学, 2011 (6): 37—40.

[20] 段溢波. 西方基于人性假设的管理理论演进及特点 [J]. 中外企业家, 2014 (28): 264—265.

[21] 许嵩正. 论马克思的生产力理论 [J]. 福建论坛 (人文社会科学版), 2007 (9): 4—8.

[22] 王孝哲. 论人的基本属性 [J]. 泉州师范学院学报 (社会科学), 2008 (5): 16—19.

第三章　基于人性假设视角下的管理理念演变及其超越

管理理念是建立在人性假设的基础上，不同的人性假设会导致不同的管理理念。“经济人”人性假设指导下有“X”管理理念，“社会人”人性假设指导下有“Y”管理理念，“复杂人”人性假设指导下有“超Y”管理理念，东方的“道德人”人性假设指导下有“社会责任式”管理理念，而“文化人”人性假设指导下有“Z”管理理念。本书将按照最主要的人性假设发展演进逻辑，并基于“全面发展人”的人性假设，提出在其指导下的“超Z”管理理念。

一、“经济人”人性假设及其指导下的“X”管理理念

1.“经济人”人性假设的诞生及内涵

在西方世界里，关于人的观念，早在哲学形成之前就已产生。在西方古代民族那里，在其各种传说以及圣经中，已经能够看到神话和宗教形式的自我意识，而这种自我意识是通过“人的自我形象”表现出来的。赵敦华教授将古希腊最初的人的自我形象概括为：“宗教人”形象、“自然人”形象、“文化人”形象、“智慧人”形象和“道德人”形象，并把这五种形象看成以后西方人性假设发展的源头。其后，在古希腊人的各种关于人的形象，首先在基督教占统治地位的中世纪演变成了“宗教人”的人性假

设。在该人性假设的指引下，人被宣布为上帝所安排秩序的组成部分，而作为绝对的和决定一切的本原，上帝早就预先注定了世界和人的命运，把人变为自动执行神意志的盲目工具。这样，以这个“宗教人”人性假设为基础，西方世界经历了极其黑暗的中世纪。在这个黑暗的中世纪，人的欲望和需求受到了极大的压制，人们的忍耐力也达到了极点，人们渴望一场酣畅淋漓的彻底精神革命的到来。于是，15 到 16 世纪文艺复兴运动的到来就成了一种必然。文艺复兴运动以反对宗教和神学为己任，发展出了“文化人”的人性假设。这一假设以“自由”和“创造”为其核心内容，特别强调人的创造性和自由不能用自然规律的决定论来解释。可以说，文艺复兴运动对“自由”和“创造”的关注，为紧随其后的启蒙运动和自然科学的大发展做了很好的准备，也更为西方资产阶级革命的到来进行了很好的铺垫。也正是在文艺复兴运动之后，在启蒙运动的大潮流和自然科学的大发展中，“自然人”人性假设呼之欲出。正如一切自然事物都服从自然规律一样，“自然人”所遵循的是一种适用于人类和社会的特殊规律——自然法。于是，以“自然人”人性假设为基础，古典经济学的奠基人亚当·斯密以他所找到的自然法——“人的利己本性”为切入点，启蒙了这个支撑整个经济学“大厦”的“经济人”人性假设，并最终由 19 世纪的意大利经济学家帕累托正式提出了这一概念。

可见，“经济人”人性假设的本质内涵就是人的利己本性，而人们追求物质利益的满足就是对这一本质内涵的最初体现。当然，“经济人”人性假设的内涵是一个不断发展和完善的过程，但是不管后面“理性经济人”或“主观效用最大化”等概念的提出对该人性假设产生了怎样的影响，其强调人对物质利益追求的偏重并没有发生实质性的变化。

2.“经济人”人性假设指导下的“X”管理理念

我们知道，随着现代化生产的发展，企业界开始接受科学管理学说中关于工人是“经济人”的假设，开始意识到工人生产积极性对生产效率的重要影响。“经济人”人性假设的提出是对企业内员工认识的一种深化，并推动了企业管理方面的一场革新运动。这样，后来的管理学家以“经济人”人性假设在企业实践中的应用为基础，总结出所谓的“X”管理理念。“X”管理理念的主要内容是：一般人有一种不喜欢工作的本性，只要可能，他就会逃避工作……由于人类不喜欢工作的本性，对于绝大多数人必须加以强迫、控制、指挥，以惩罚相威胁，使他们为实现组织目标而付出适当的努力……一般人宁愿受指挥，希望逃避责任，较少有野心，对安全的需要高于一切。由此提出的“X”管理理念有以下特点：实行任务管理，管理者只重视提高生产效率，完成任务指标，从根本上忽视了人的情感、人际交往等心理因素的作用；管理只是少数管理者的事，与广大职工无关，强调工人只是服从管理；在管理方法上主张用金钱等物质利益来刺激工人的工作积极性。鉴于此，“X”理论要求我们对企业内员工进行物质利益方面的激励，而这正是“经济人”人性假设中人的利己本性的必然要求。当然，经济人人性假设理论在历史上产生过积极作用，曾经对一定时期的管理理念产生了重大影响。但是这种人性假设的实质是把人看作自然人、生物人，无视和抹杀了人的社会性。在这种人性理论指导下产生的管理措施，是不可能真正、持久地调动人的积极性和主动性的。

二、“社会人”人性假设及其指导下的“Y”管理理念——对“X”管理理念的超越

1.“社会人”人性假设的诞生及内涵

在“科学管理”指导下的大生产中，分工越来越细，专业自动化的程度也越来越高。一方面对人的素质要求更高，另一方面也使工作越来越单调和乏味。生产线上的工人成了机器的附庸，员工间的交流很少，人在机器面前有了一种强烈的孤独感，人的社会需要得不到满足。而同时，经济和社会的发展与进步，使人不仅需要物质上的满足，还需要精神上的满足。这样，单靠工作方法的“科学”和物质刺激是无法长期解决提高效率和效益问题的。这样，为了适应这一社会发展趋势，梅奥等人在此基础上提出了“社会人”的人性假设。他们指出：“人是独特的社会结构，只有使自己完全投入集体中，才能实现彻底的‘自由’。工厂中的工人不是单

纯追求金钱收入的，还有社会方面、心理方面的需要，这就是追求人与人之间的友情、安全感、归属感和受人尊重等。因此，不能单纯从技术方面和物质条件着眼，还必须首先从社会心理方面来鼓励工人提高生产率。”可见，和“经济人”人性假设不同，“社会人”人性假设的本质内涵是更为注重对人社会方面、心理方面需求的满足，这也极大地丰富了“人利己本性”的内容。

2.“社会人”人性假设指导下的“Y”管理理念——对“X”管理理念的超越

20世纪30年代的“霍桑实验”纠正了企业家们对员工“不过是一个经济动物”的偏见，证实了工资、作业条件、生产效率之间没有直接的相关关系，认为企业内员工不单纯是一个经济人，而且是一个社会存在物，是“社会人”，并由此推出了一系列针对“社会人”人性假设的管理方式方法，引发了对人的管理的新革命。“社会人”人性假设及其管理方式的提出是企业对人的价值的重新评估，从经济人到社会人，使对人的看法更接近人的本来面目。与此相应的管理方式已不再把人单纯地看成一个被动的接受者、一个经济动物，而是从人的社会需要方面出发对人的行为加以引导。这样，后来的管理学家以“社会人”人性假设在企业实践中的应用为基础，总结出了“Y”管理理念。“Y”管理理念的主要观点是：人并不懒惰，他们对工作的喜欢和憎恶决定于这工作对他是一种满足还是惩罚；在正常情况下人愿意承担责任；人们都热衷于发挥自己的才能和创造性。由此提出的“Y”管理理念有如下特点：管理人员应把重点放在关心人、满足人的需要上；管理人员应该重视职工之间的关系，培养和形成职工的归属感和整体感；在实行奖励时，提倡集体的奖励制度，而不主张个人奖励制度；管理人员的职能也应有所改变，他们应在职工与上级之间起联络人的作用。对比“X”管理理念和“Y”管理理念可以发现，它们的差别在于对工人的需要看法不同，前者注重对工人物质利益需求的满足，后者则更注重对工人的各类社会性需求的满足，因此采用的管理方法也不相同。

三、“复杂人”人性假设及其指导下的“超Y”管理理念——“X”管理理念与“Y”管理理念的结合

1.“复杂人”人性假设的诞生及内涵

经典科学思维认为，世界是确定、有序的，主张用分割性、简单性思维解决复杂问题。与此相应，建立在科学模板之上的传统管理认为企业是线性的、确定的、可解析的趋于平衡的，主张规范化、精确化、优化管理。经典思维忽略了事物间的复杂联系，对事物的认识比较模型化、理想化、确定化。但新兴科学为我们展现了彼此间有着复杂联系的真实世界，认为这个世界是一个彼此联系的复杂系统，是不确定的，非线性的，这对我们的世界产生了很大的影响。不可否认的是，这种复杂性思维也深深地影响到了管理学的发展，并最终导致“复杂人”人性假设的产生。1965年，薛恩在《组织心理学》中提出复杂人性假设，认为不能将人简单地归为“经济人”“社会人”等；人性是多样且动态变化的，人们的需要、工作动机随着具体情景的变化而变化。复杂人具有学习能力，针对不同情况可形成不同的反应对策，因此对人的管理也不存在唯一最佳的策略。与以往人性假设相比，复杂人假设将人性中不确定、多样化、动态化、自主性的一面展现出来，具有更浓厚的复杂性思维特点。

2.“复杂人”人性假设指导下的“超Y”管理理念——“X”管理理念与“Y”管理理念的结合

我们知道，在“复杂人”人性假设出现之前，有“X”和“Y”两种管理理念并驾齐驱，各自发挥着不同的作用。很多人认为“Y”管理理念更优胜于“X”管理理念，但美国的乔伊·洛而施和约翰·莫尔斯通过试验得出结论：“Y”管理理念并不一定都比“X”管理理念好，并据此提出了“超Y”管理理念。该管理理念的主要观点是：不同的人对管理方式的要求不同。有人希望有正规化的组织与规章条例来要求自己的工作，而不愿参与问题的决策去承担责任。这种人欢迎以“X”管理理念指导管理工

作。有的人却需要更多的自治责任和发挥个人创造性的机会。这种人则欢迎以“Y”管理理念为指导的管理方式。此外，工作的性质、员工的素质也影响到对管理理念的选择。通过以上对“超Y”管理理念的论述，我们发现其正是建立在“复杂人”人性假设的基础之上的。于是，在这里，“X”管理理念与“Y”管理理念结合了起来，而这个结合体就是“超Y”管理理念。当然，随着“复杂人”人性假设的不断发展，“超Y”管理理念的内容也在发生相应的变化。

四、“道德人”人性假设及其指导下的“利他式”管理理念——同西方“利己式”管理理念并驾齐驱

1.“道德人”人性假设的诞生及内涵

笔者在以前的研究中，针对东方的管理特点曾提出“道德人”的概念。毋庸置疑的是，“道德人”的提法包含有太多东方的元素，但这并没有损失其价值；与之相反，东方管理学正是以此人性假设为基础，在最近的社会经济发展中扮演着越来越重要的角色。“道德人”是从我们中华上下五千年的历史文化传统中孕育出来的，有着深深的东方印记。在东方世界里，土地由于其特性，注定是我们难以绕过的中心话题，而怎样才能更牢固地将人们束缚在土地上就是东方统治者们所关注的话题。于是，在这样的背景下，各种充当统治者“教化”工具的理论学说都粉墨登场了。在这些理论学说中，以儒学最为主流。儒学以“内圣”为指导思想，注重修身以做“圣人”，从而达齐家治国平天下。那么什么是“圣人”呢，这是一个难以界定好的概念，于是给了一些别有用心的人以机会，从而给老百姓带来了深重灾难。其实，儒学中“圣人”的核心内涵就是将人尽可能地描述成“利他人”，这和斯密的“经济人”提法有异曲同工之妙。斯密的“经济人”是从“利己”走向“利他”，与之相反，“圣人”则是从“利他”走向“利己”，殊途而同归。当然，在现实社会中，“圣人”披上了“道德人”外衣，在近期越来越彰显出其影响力。可是，“道德人”人性假设虽然以“利他精神”为其根本内涵，但其落脚点却是在强调及提倡一种

“和谐”精神。这种“和谐”既包括人与人之间的和谐，又包括人与自然及社会环境的和谐，而“天人合一”是其追求的最高境界。

需要指出的是，这里并不是要批判儒学的“圣人”思想，而是想指出这种思想充满了很多不切实际的东西，脱离了社会生产力的发展水平。我们这个社会是需要“圣人”思想的，但要求我们都做“纯粹的圣人”却是不现实的，甚至是有害的。可以说，把人民“教化”成专门“利他”的“圣人”就是儒学的根本问题所在。也许，很多人会说儒学的出发点是好的，为儒学鸣不平，但这一切无益于最终解决问题，因为我们需要的是其能给人们带来实实在在的福音，而不是那“一厢情愿”的梦想。

2. “道德人”人性假设指导下的“利他式”管理理念——同西方“利己式”管理理念并驾齐驱

在上面，虽然批判了儒学中的“圣人”思想，但并不是要从根本上去否定它。就像任何事物都有其两面性一样，穿着“道德人”外衣的“圣人”思想也有其积极意义，而这一积极意义也随着经济社会的不断向前发展而慢慢得到彰显。在这里，“道德人”人性假设的积极意义就是强调一种“利他式”的管理理念。这一管理理念包括两个方面的内容：第一，人与人之间的共存关系，即强调人际关系的重要性；第二，人与自然及社会环境的必然联系，即强调一种人对自然及社会环境索取和给予的平衡状态。于是分别从这两个方面出发，我们将得出两个更为具体的管理理念：“人际关系”管理理念和“社会责任式”管理理念。前一种管理理念强调在企业管理中人际关系的重要性，而认为人有基本的人格和人品，且具有无私奉献精神是达到人际关系和谐的必要条件。后一种管理理念的落脚点并不在于管理人，而在于让人形成一种社会责任高度上的自我管理意识，以最终服务于社会的发展，实现自己的人生价值。另外，这种“社会责任式”管理理念并不只停留在个人层次上，其在企业组织层次上同样是有效的。在企业组织层面上，“企业公民”的概念被提了出来，并日益发挥出其影响力。

五、"文化人"人性假设及其指导下的"Z"管理理念——从整体意义上对"利己式"管理理念进行了整合

1. "文化人"人性假设的诞生及内涵

在企业实践活动中，企业文化对于企业员工具有越来越重要的作用。卓越的企业家善于理解员工价值观的变化，能在为员工提高经济收入的同时，充分展示出一种人性化的企业氛围。美国的管理学家通过对日本企业管理模式的研究，发现日本企业的成功之处在于其不仅重视企业制度的"硬约束"管理，还更加重视从目标、信念、精神去激励员工，让员工拥有一种关注企业的自觉性。于是，在这样的理论背景下，企业文化理论就应运而生了。在企业文化理论中，"文化人"人性假设被提了出来，它是企业文化理论在企业实践中得以运用的载体。在企业实践活动中，"文化人"注重一种从目标、信念、精神上激励员工的方式，注重企业内一种积极向上、充满活力的工作氛围的塑造。可见，这种"文化人"的提法与"经济人"和"社会人"的提法是不同的。因为，"经济人"与"社会人"提法中的人是一种微观视角上的人，而"文化人"提法中的人却是一种宏观视角上的人。也就是说，"文化人"中的人并不是强调个体意义上的人，而是指企业内总体意义上的人。而这个总体意义的"文化人"是应该以包含"经济人"和"社会人"的个体人为基础的。也就是说，"文化人"的内涵中也是有"经济人"和"社会人"内容的，是从总体意义上对这两种人性假设进行的一种超越。

2. "文化人"人性假设指导下的"Z"管理理念——从总体意义上对"利己式"管理理念进行了整合

美国加州大学管理学院日裔美籍教授威廉·大内在1973年开始专门研究日本的企业管理，并经过调查比较日美两国管理的经验，提出了他所设想的"Z"管理理念。当然，"Z"管理理念的提出也是有其理论基础的，而这个基础就是企业文化理论中的"文化人"人性假设。"Z"管理理念认

为企业管理当局与职工的利益是一致的，其主要内容是：企业对职工的雇佣应是长期的而不是短期的；上下结合制定决策，鼓励职工参与企业的管理工作；实行个人负责制；上下级之间关系要融洽；对职工进行全面的知识培训，使职工有多方面的工作经验；准备评价与稳步提拔；控制机制要较为含蓄而不正规，但检测手段要正规。于是，可以这样说，“Z”管理理念的提出标志着“经济人”和“社会人”（更主要是“社会人”）人性假设在企业实践中应用模式的完美终结。“Z”管理理念与以前的管理理念之间的关系并不是一种完全替代关系，而更多是一种深化，一种进步，一种整体意义上的整合。基于“经济人”“社会人”等人性假设而建立起来的各种管理理念，无论是“X”管理理念也好、“Y”管理理念也好，其实都只是文化管理的一个初级阶段，共同在为文化管理时代的到来贡献自己的力量。当然，“Z”管理理念也是有其缺陷的，因为在“Z”管理理念中，企业中的员工并没有将其摆脱企业组织的束缚而进行自主创业作为根本目标，这就决定了其“手段人”或“工具人”的宿命。

六、“全面发展人”人性假设及其指导下的“超Z”管理理念——对传统管理理念的超越

1. “全面发展人”人性假设的提出及内涵

以“经济人”“社会人”“文化人”和“道德人”等人性假设为基础，我们提出了一个“全面发展人”人性假设。其具体内涵如下：

第一，在企业实践活动中，“全面发展人”人性假设中的人是在企业实践活动中居于主体性地位、且具有高度主观能动性的人；也就是说，企业内部所有成员都应该是企业的主人，享受一个企业主人应该享有的权益，同时承担着一个企业主人应该承担的责任。在“经济人”人性假设所支撑的理论体系中，企业内部的人只是一种获利的工具或手段，扮演着“仆人”角色；而“全面发展人”人性假设正是要向“经济人”人性假设发起挑战，使企业内员工回归“主人”的身份。

第二，在企业实践领域中，“全面发展人”人性假设中的人是在企业

实践活动中能力不断获得提升的人；也就是说，企业内部成员在工作过程中是应该不断得到培训和工作锻炼机会的，从而使其工作能力不断得到提升。传统的“经济人”人性假设所支撑的理论体系也是注重对企业员工进行培训和教育的，但其培训和教育的出发点是使员工尽可能多和快地创造利润，而不是为了提升员工的能力。而以“全面发展人”人性假设为基础的理论体系，以提升企业员工的能力为根本目的，更注重在员工利益与企业利益统一基础上的员工自我价值的真正体现。在这里，企业员工创造利润的行为退居了次系，取而代之的是员工能力的提升以及在此基础上的自我价值的更大实现。于是，在本文这里，资本的逐利动机让位给了企业员工能力的提升，同时也是一种从“资本意志”向“人本意志”的回归。

第三，在企业实践领域中，“全面发展人”人性假设中的人是在企业实践活动中具有创新性的人；也就是说，在企业实践的过程中，企业内员工应该是具有不断进行创新，不断进行“创造性破坏”的勇气和能力的人。那种仅仅把员工作为生产线上一个零部件的时代已经过去了，现代的管理者们已经把人的创造性看作是企业发展的关键之所在。只有解放了人的个性，将创新思维植入员工头脑中，鼓励员工尽情创新，敢于颠覆传统，才能在变革中实现企业的可持续发展。

第四，在企业实践领域中，“全面发展人”并不是孤立的个体，是和周围社会环境有着密切联系的，这就要求其投入社会的大实践中，承担相应的社会责任，做一个有奉献精神、责任感强的新型员工。人的全面发展也包括人的道德精神的发展和提升。

第五，在企业实践领域中，“全面发展人”人性假设中的人是以突破企业组织束缚为根本目的的人；也就是说，企业内成员应该具有强烈的创业意识。在这里，这种创业意识是有两层含义的。第一层含义是指企业内部创业意识，描述的是一种企业员工工作内容不断得到丰富，工作权限与职责不断得到扩展的过程。第二层含义是指一种企业外部的创业意识，就是员工突破企业组织束缚进行自主创业的意识。当然，这两种创业意识是没有决然分开的，是一个连续的统一体。于是，在企业管理具体实践中，创业意识的实践过程就是一个从企业内部创业向外部创业不断延伸的过程，这就要求企业内员工拥有更广阔的提升空间，而获取这种更广阔空间的唯一途径就是将企业内部成员的提升空间从企业内部拓展到企业外部，即突破企业组织的束缚来获取新的工作实践空间或进行自主创业。传统的“经济人”人性假设所支撑的理论体系把企业员工看作企业的一个“零件”，将企业员工束缚在企业这个“大机器”中而使之动弹不得；而以“全面发展人”人性假设为基础的理论体系则给予了企业员工突破企业组织的机会，以一个更为积极的眼光来看待目前来说名声不好的“跳槽”，并鼓励进行自主创业活动。

2.“超Z”管理理念的提出

鉴于以上的分析，笔者提出了“全面发展人”人性假设在企业实践应用中的理论模式，并称之为“超Z”管理理念。“超Z”管理理念的主要内容是：企业内职工的利益同企业的利益是相一致的，企业内职工同样是企业的主人；上下结合制定决策，鼓励职工参与企业的管理工作；企业内职工以提升自己的能力和实现自我价值为己任；企业内员工的本职工作就是不断进行创新；企业内职工应该具有和谐的人际关系；企业内职工具有奉献精神，有承担社会责任的意识和勇气；应该对职工进行多方面的培训和教育，让员工拥有更为全面的知识体系和能力体系；应该适时变换员工的工作内容，使员工不断获得工作锻炼的机会；应该给予员工稳步的提升空间，扩展其权限与职责范围，实现其内部创业的目标；企业内员工应该具有企业外部创业意识，也就是说，其提升空间也应该从企业内部延伸到企业外部。

很显然，“超Z”管理理念是对“Z”管理理念的一种超越，但这种超越是一个艰巨的过程，并不能一蹴而就，需要我们付出极大的努力。在企业实践活动中，“超Z”管理理念的贯彻执行过程中必然会遇到巨大的阻力。一些企业主是很难拥有实践这种管理理念的意识和勇气的，他们更多的是憎恨它，就如同他们憎恨员工“跳槽”一样。但这些企业主们也许忘记了一些很重要的东西，或者是刻意去回避这些东西，因为正是这些东西才造就了他们的今天，而这些重要的东西就是自主创业意识与创业精神。

是的，我们这个社会是需要一些创业意识与创业精神的。一些人抱着“铁饭碗”的传统思想不放手，注重追逐规则或制度等给予的外在能力体现，而忽视了自身潜在能力的培养和开发，这是有其害处的。那么，面对这一现实，我们可以做些什么呢？答案就是让我们一起为“超Z”管理理念的尽快实现而行动起来。当然，这其中最重要的还是企业主和高层管理者要行动起来，因为他们均是“超Z”管理理念的受益者，或即将受益；他们更应该走在大家的前面，去充当实践“超Z”管理理念的领跑者。

参考文献

[1]［美］D·麦克雷戈. 企业的人事方面［M］. 北京：中国社会科学出版社，1987.

第四章　塑中国式管理之魂

——“道德人”人性假设

德性为中国管理哲学之精髓，开启中国式管理之逻辑，故“道德人”人性假设是中国管理哲学对中国式管理质的规定。“道德人”人性假设为中国式管理提供基于内在修持论的精神内核，认为道德人性是为个体赋予社会群体意义、影响个体动机的本质属性，并促成人生价值在工作中的实现。个体通过学习实现道德内化，产生道德行为，满足道德需要的过程是道德自觉的过程，表现为自我完善，提升了个体与组织的互动效率与价值协同。道德—行为作用机制是上述过程的心理学演绎，契合了“道之以德、知行合一”的哲学理念。“道德人”人性假设完善了动机的自组织理论，诠释了人性的丰富性，超越了西方管理的工具理性，是对其他人性假设的扬弃。

组织行为学、人力资源管理学及管理心理学等学科的不断发展，使人的主观能动性问题成为管理学领域的重要课题，而激励成为解决主观能动性发挥问题、使个体更具效率实现更大经济效益的主要手段。然而，在管理实践中，大部分激励手段的更新和变革却始终处于以经济效率与效益为最终目的的工具理性和物质崇拜的笼罩之中。工具理性和物质崇拜笼罩之下的激励单纯地认为物质欲望便是员工自主性与积极性之源泉，接受企业外部控制便是员工积极主动之表现。这样的人性观念不仅明显有悖于人性的客观属性，也必然使激励充满了外部控制磨灭个性、物质激励引诱低级欲望的人性压抑与人性误导。然而，人性假设发展的相对滞后使其既无法指导管理者突破其固有管理心智模式去更深刻地理解员工和工作，也无法明晰其自身的管理职能所在；同时，虽然管理学界围绕“心性”“能动性”产生了心理契约、努力熵、人力资本等概念，但现有人性假设却未能向管理者提供一个具体而普遍适用的着力点，这使得对上述管理学概念的应用犹如“隔靴搔痒”，始终未见“深入人心”之效果。一方面，大量管理学实证研究虽梳理着上述概念对于绩效以及影响绩效之行为的作用机制，却无形中将管理职能和目标局限于企业绩效提升、财富增长等易于计量的经济效益之中，并大多避开了如何真正实现发自内心、顺应人性之激励这一“黑箱”问题。另一方面，“管理学在中国”的学术讨论使中国管理学术界将目光聚焦于基于中国传统文化独特基因的中国本土管理科学体系的塑造。这场学术讨论既显示出中国本土管理体系进一步理论化、体系化的迫切性，也对中国式管理建立的可行性给予了肯定。现有中国式管理研究大多集中在居于管理体系两端的管理哲学和管理手段，而对于连接抽象管理哲学和具体管理实践的管理原理却一直套用西方管理的相关知识，这势必会阻碍中国管理哲学落实为中国管理实践。

本章把握管理思想的发展趋势和人性假设理论发展的内在逻辑，试图提出一种植根于中国传统文化、蕴含内在激励着力点、解放管理职能并客观描述人性内涵的人性假设，以期为中国式管理提供深刻而普适的精神内涵，并据此为中国式管理实践提供依据。

一、“道德人”人性假设的前置性逻辑

1. 管理哲学为管理赋予质的规定

管理哲学为管理提供本质的规定与目标，为管理提供价值尺度与方法论。其犹如一颗种子，扎根于历史与现实的土壤，赋予了管理独特的文化基因，并生发出管理的枝干与花叶。就管理的本质而言，它不仅仅是一门科学也不仅仅是一门艺术，而且是一种超理论、超经验层面上的哲学。故管理哲学为管理得以升华为一套具有特色的体系之关键，也是管理体系相

互区别之根本。中国式管理的灵魂要得以树立，就必须从中国管理哲学入手，以提取中国管理哲学之精髓。

2. 中西管理思想互动回归于中国管理哲学

中国管理哲学集中体现了人性所呈现的深层次结构，是前人不断求索人生之意义与价值所得出的智慧的历史经验，是中国特色之凝结。我们需要在继承和反思中发展它，既要肯定它的时代性，也要进一步挖掘和提升其时代性和普适性——中国管理哲学经历诸子百家的争鸣和内外之道的整合，其本身就从形式上和内容上具有了很高程度的开放性。这使得我们能够运用这一开放性来回应西方管理思想的到来，并实现中西管理思想的良性互动。

而西方管理思想的局限性与中国文化情境亦皆要求中西管理思想的互动回归于中国管理哲学，从而使中国式管理呈现出浓厚的中国特色。现有人性假设均带有深刻的西方烙印。它们对个人在与外界互动过程中所体现的社会群体价值认知不足，并认为个体仅会从个人角度出发来作出价值判断，这显然有悖于现实中诸多如组织公民行为的行为决策。而中国管理哲学则恰好基于个体与群体间互动关系和个人利益与整体利益间双重价值判断而作出了人具有德性的人性假设，这势必与西方管理思想形成良好互补。另一方面，西方管理置身于中国文化情境所遭遇的管理失灵也启示中国式管理回归其哲学根源来汲取营养。

3. 德性是衔接中国管理哲学与管理实践的中心环节

德性承接中国管理哲学之精髓，开启中国传统管理之逻辑。中国管理哲学对于人性潜能的探讨与开发十分重视，这也是中国管理最大的特色。而这种人性潜能的根源便在于德性。此一德性合内外之道，实现个体心性、人格的和谐与整体价值的整合，乃中国管理哲学之精髓。而德性根植于人性这一中国哲学之基本论断又以人性假设的形式构成了管理实践的逻辑起点。这赋予了中国传统管理极强的道德性。具体而言，这种极强的道德性在人才选拔上表现为“贤者在位，能者在职”的选拔标准；在人际交往上表现为“君使臣以礼，臣事君以忠”的君臣互动；在理想追求上表现为“先天下之忧而忧，后天下之乐而乐”的整体大局观；在人才培养上表现为以“修身”为“齐家、治国”之根本的自我提升；在行为方式上表现为“治国以义不以利”的管理之道；在市场竞争上表现为“有容乃大”的竞合之道。

4. 德性合人性假设发展之逻辑

纵观人性假设发展之历程，人性假设可以视作个体与组织历史关系的客观反映。人性假设从“经济人”“社会人”“自我实现人”到“文化人”“全面发展人”①“目标人”②的发展轨迹，充分展示了组织中个体由被组织控制利用的“工具性”地位到取得为组织所尊重且具有强烈自我目的性之“主体性”地位的逐渐“以人为本”“自主自我”的内在发展逻辑。而在完成了对个体在组织中主体地位的规定后，人性假设又应如何发展从而更为客观地揭示个体与组织间理想的互动关系呢？当今管理研究已逐渐意识到个体与组织间的价值目标协同已成为组织持续发展的必要条件，也是组织所追求的理想互动状态。管理领域对于学习型组织、企业文化、目标管理等概念和方法的大量关注便旨在创造一种向心力与凝聚力。因此，在组织中个体获得“主体性”之后，个体与组织的协同性应在人性假设中得以突出反映。中国管理哲学所追求的和谐便是这样一种高度的协同状态，而贯穿于中国传统文化的道德也具有深厚的通过自我提升实现整体发展之内涵。故德性能够提供一种以个体主体性为基础促使个体与组织间价值目标协同的机制，从而迎合了人性假设发展之内在趋势。

5. 市场与员工对道德回归的诉求高涨

一种符合市场道德规范和满足员工道德需求的管理模式，亟待树立。

---

① 高晓玲，刘巨钦. 从人性假设视角透析管理思想回归的内在历史逻辑［J］. 南开管理评论，2005，8（1）：83—90。

② 章凯. 组织行为战略：管理变革的方向与动力［M］. 北京：经济管理出版社，2003：93—95.

一方面，中国市场经济下的精神环境表现出道德的式微，社会的道德诉求高涨。对于经济利益的狂热追求，使许多企业丧失了其最基本的社会责任。道德的逐渐沦丧导致“皮鞋胶囊”“地沟油”“豆腐渣工程”“血汗工厂”等恶性事件悉数屡次上演。人们逐渐意识到只有从良心上增加企业的作恶成本才能从根本上杜绝恶性事件的发生。

另一方面，中国员工特别是知识型员工要求工作和组织提供更多的内在激励，他们需要自己的组织和工作具有良好的道德形象以获得尊严和社会认同。组织与员工的心理契约中的道德成分逐渐增多。单纯通过物质契约维系的员工关系无法激发员工的创造性和责任心，进而将造成人力资本增值活动缺乏内在驱动机制。

二、“道德人”人性假设的提出依据：基于道德与契约的中西管理对比分析

1. 道德人性的肯定与否定：道德精神与契约精神

管理以影响人的后天行为和理念为手段，故管理真正的逻辑起点并非对于人性的价值判断即性善或性恶，而是对于人性的内在可塑性问题的肯定与否定——对于人性是否能够在后天实现自我完善、理想人格是否能够在后天被塑造等问题的判断，将决定管理的意义之所在以及管理对人施加影响的根本着力点。故人性的内在可塑性才是在分析人性对管理的决定性作用时应该着重讨论的问题。这样的分析思路使我们从纷繁的人性善恶论中抽离出来，使得分析路径更具针对性，从而使中西方的人性主张变得分明起来——中国文化秉持以德性为基本假设的内在修持论，而西方文化则秉持以原罪为基本假设的外向救赎论。

中国管理哲学认为道德人性是人之本性，谓之德性。道德人性决定了人性能够在道德引领下实现自我拓展与完善。无论人之初性善或性恶，道德都能够通过道德人性实现以自我为主体的人性善的育化，从而能够在与自然的和谐关照和融通下，实现理想人格的塑造，达到天人合一的理想境界。而西方文化则认为人具有渎犯上帝之嫌，上帝以一种高高在上的姿态

受到人们的敬畏。且西方理想人格由上帝赐予，无法通过自身去塑造，而是取决于外部力量。

中西文化关于道德人性主张的差异，使得中西管理产生了两种不同的精神内涵：侧重内部人性育化的道德精神和侧重外部人性约束的契约精神。道德精神重道德感化，强调通过自身内在修养的提升来进行管理；而契约精神强调个人权利与义务、对等和相互制约，强调通过外部客观约束来进行管理。

2. 道德育化与契约约束：德治与法治

基于道德精神与契约精神对于道德人性的不同主张，中西方管理形成了以道德育化与自我管理为主要手段的德治和以法律约束与制度约束为主要手段的法治。德治即以“德”为基础的管理。这里的“德”既包括个人的德性修养也涵盖组织社会的道德规范与文化。德治强调从个人内在修为的提升推及至整个社会的道德育化这一由点及面且由内而外的感化过程。其依靠以身作则的道德感化，最终“道德、职能、信仰三位一体”① 地对人进行全面塑造和管理。而法治即契约化管理，贯之以利己主义这一资产阶级伦理学核心，以个人财富为动力，以建立在法律规范基础上的契约规则和自由竞争逻辑为基本规范，以资本逻辑为支配力量，并在科学信念支配下，形成了以形式化、制度化、标准化、规范化为特征的约束体系。

显然，德治是以道德为手段的自律型管理，强调自我提升和整体和谐。而法治则是以契约为手段的他律型管理，强调契约监督、外部约束和个人效率。这两种产生于不同道德人性主张的管理方式，在对人的激励机制和激励效果上各有侧重且互为补充。

3. 道德激励与契约激励：精神激励与物质激励

不同的人性主张，必然形成不同的激励机制和效果。首先，现代管理丛林中的激励理论皆以满足个人自身的欲望和需要为起点，并将个体追求

---

① 王利平. 中国式管理的传统与现实［M］. 北京：中国人民大学出版社，2010：68—69.

自身利益作为个体能够被激励的唯一前提。且这些激励理论又均以提高生产效率和经济效益为最终目的，表现出强烈的功利性。应该说，它们只是一种基于交换的个体行为刺激原理和方法，却忽略了个体的社会价值追求以及高尚品格和情操所带来的整体效益提升，进而缺少了对个体人文上与品性上的关怀。而道德激励规定了行为的社会价值，提供了一种个人与整体兼顾的价值观，这种价值观蕴含着以优美人格为美的审美取向。通过对个体德性的激励和育化，道德赋予人追求和谐、升华生命的信仰，从而产生自觉的道德行为，形成精神上的协调与激励。其次，道德激励侧重于以自我激励为出发点，由点及面地实现整体的自我管理。其最基本的激励主体与客体均为行为主体本人。而契约激励却致使激励主客体相分离，行为主体只是激励对象却并非激励主体。最终，道德以自我管理的形式激励个体内部，形成引导人向善与督促人弃恶的精神激励，从而以全面的精神激励使个体更具积极性和自觉性，其激励效果往往也更有效和持久。但道德激励往往相对优柔，虽有“润物细无声”的柔性以减少摩擦与冲突，却往往需要较长时间达到明显效果，同时也需要外部环境的支持与配合。而契约以制度管理的形式激励于个体外部，并主要产生督促人弃恶的物质激励，虽见效较快，却多体现为一种强制力和硬性手段。且制度本身便是以对人的不信任为逻辑前提，故容易产生抵触情绪和引发屈从性的暂时行为。

综上所述，道德比契约具有更丰富的激励机制和更优的激励效果。道德激励是精神上的内部激励，更符合人性的需求；而契约激励是物化的外部激励，更注重物质的激励作用。故道德更适用于基于人的权变管理，而契约则更适用于基于物的量化管理。道德更体现管理的艺术性，主要应用于柔性管理，而契约则更体现管理的科学性，主要应用于刚性管理。两者在激励机制和效果上均能形成良性的互补。

三、“道德人”人性假设的内涵与主张

“道德人”人性假设基于以“德性”为主体的中国管理哲学，鉴于中国管理以其深刻的道德精神渊源，从本质上、内容上和形式上区别于西方

管理，且把握中西管理思想互动的人本主义回归趋势而提出，具有中国文化根源性和包容并蓄且与时俱进的普世价值。

“道德人”人性假设认为人具有道德人性，具体包含两个方面的内涵：从人与外界的互动过程看，道德人性使人与外界的共通、协同与和谐成为可能。它能够产生道德需要，使个体自觉地通过道德内化来实现与外界的信息交流，最终通过道德行为实现与外界的良性互动；而从人自身内部的人性发展看，道德人性决定了道德对于人性的内在可塑性，使得道德系统能够通过个体的道德内化促进人性实现善的育化，使个体具有一种向善的本能和自觉，并形成善的价值观。道德通过对人性的善的引领而超越人性的自利性，使个体意识到自己的社会属性与群体价值，并积极地进行优美人格的塑造，从而反映出人性的利他之属性与自我完善的潜能和需要。人具有道德性这一人性假设是性善论与性恶论的统一：无论对人性作何价值判断，“道德人”人性假设皆认为人的道德性能够引领人性实现趋向于理想人格的自我完善并引导人自发向善、督促人自愿弃恶。具体可通过对道德人性假设中的核心概念及其相互作用原理进行诠释来把握其合内外之道的整体内涵与主张。

1. 道德人性是人的社会属性，赋予个体社会意义与群体价值

人是社会的人，是寻求意义的动物，道德属性是人社会性的本质体现。人既是独立个体又是社会成员的二重属性使人的利益呈现出个体性和整体性。道德将整体利益纳入衡量行为的价值尺度，从而调和了个人利益与整体利益，维护了社会秩序，使社会在人与外界的和谐关系中得以有序运行和稳定发展。组织中的员工通过实现其社会价值而获得社会的尊重并满足自身的需要从而实现个人价值。故工作作为个体个人价值与社会价值得以结合与统一的主要人生手段，能够实现其对人生价值的承载。道德人性超越个体的自利性，使人的行为具有超功利性。其为人之为社会群体中的人赋予意义，它赋予个体行为不仅仅局限于自身利益的社会意义和群体价值，是个体与外部环境互动过程中各种行为最本质的影响因素之一。

2. 道德需要是人的道德自觉，表现为自我提升与超越

道德人性决定了人具有努力使自己的行为具有合宜性，并愿意积极践行美德追求的道德自觉即道德需要。道德需要是一种精神需要也是一种社会需要，它是道德行为的直接起因。道德需要表现为个体自我完善、提升并寻求肯定的道德积极性和自愿性即道德自觉，为道德行为提供直接的动机。而道德自觉意味着个体能够意识到道德的重要意义以及自身之于社会群体的价值所在并自觉接受道德在认知上的引导和约束。道德需要在个体层面源于个体的一般需要又高于个体的一般需要。它以生理和安全需要为基础，以归属和尊重需要为动力，以自我实现的超越性需要为特质，并以价值导向的形式渗透于各种需要之中。而其在群体层面上则是人类社会用以维持个体与个体之间、个体与群体之间社会关系平衡的需要。

3. 道德内化是人的心理功能，提升了个体的互动效率与外部适应性

道德内化处于微观心理层面，是道德人性作为人的本质规定所带来的"道德本能"的集中体现，是道德需要的必然要求和道德自觉的核心环节。它是个体为寻求人际和谐与社会价值而积极自觉地将社会道德系统转化为自身道德认知与道德需要的过程，是个体社会化的过程，决定个体道德的内在意识结构，为个体人性善的自我发展提供社会价值的依据和内容。个体能够具有文化选择性地进行学习以实现社会组织中道德系统的内化。内化的道德通过形成个体的价值观来影响心理目标的形成与发展，并最终作用于行为，使其有利于个体系统与外界环境的交流与互动，从而使个体心理自组织系统具有客观适应性。

4. 道德系统是组织文化体系的核心内涵和集中体现，它促进个体与组织协同发展

道德系统处于宏观组织层面，是个体进行道德内化的对象，是个体的社会价值观直接之来源。道德系统以美德、操守、道德规范和准则为内容，提供突出整体利益的价值观。个体居于道德系统之中，而道德系统又

沉淀于组织文化体系之中，故对于具有道德支持性的文化体系的塑造能够有效地激发员工的道德行为，形成道德氛围。同时，组织内道德系统的发展又将体现为良好的组织道德形象，这不仅会为组织赢得更多的社会支持，也能使员工具有更积极的工作态度和更优秀的绩效表现。

5. 道德行为是个体的主动适应与人生价值追求，表现为利他行为与自律行为

道德行为是道德引导和约束个体行为的结果，其基于个体对自身社会价值的追求和社会角色的认知而产生，是以个体为主体的道德现象。道德行为作为一种个体与社会的基本联系方式，使得个体能够适应社会的限制性条件，在实现自身目标的同时为社会创造价值，实现个体与社会的共同发展。道德行为是个体实现人性善的育化的外在表现形式，是行为个体的自主选择，具有自利与利他的双重价值。而在目的上，更高层次的道德行为又具有超功利的目的性，它是个体实现人性完善与生命升华这一终极目标的基本手段。道德行为是一种由内而外的“修行”，是一种自我超越与完善。

四、“道德人”人性假设关于道德—行为的心理学作用机制

1. 道德—行为作用机制：从道德人性到道德行为的心理学演绎

道德需要源于一般需要，又高于一般需要。它以先于其他一般需要并对其他需要进行价值引导的方式促使个体通过对道德系统进行学习和产生道德行为来完成个体自组织心理系统的信息输入和行为输出，从而实现个体与外部环境的交流和互动。个体对道德系统进行学习的社会化过程即为个体对道德的内化过程。在此过程中，个体通过有选择地学习将社会和组织中的道德意识和规范作为信息输入到个体自身的自组织心理系统中，从而将道德内化为自组织心理系统的一种慢变量[①]，并为个体的另一关键慢

① 慢变量即慢弛豫参量，协同学将系统演化中起支配作用的参量称为慢变量。慢变量是系统演化的方向、途径和目的，具有较强的稳定性。道德作为心理自组织系统中的一个慢变量主要为心理系统的自组织过程提供演化方向，影响个体对另一慢变量心理目标的价值判断。

变量心理目标赋予社会性质和群体性质的价值和意义（如尊严）。这样，便赋予了心理目标文化性、应然性和个体、社会两个层面的双重价值性，进而形成符合道德、追求美德的道德行为，从而有利于个体与外界形成良性互动，以更好地适应外界客观环境，使个体在借助外界满足自身各种需要的同时，也对外界的和谐发展产生积极作用，实现自身与外界的共同发展。在个体内部心理系统的自组织过程中，外部道德系统的不同表现形式通过个体的选择性学习而内化为慢变量，为个体心理系统内部的道德注入新的内容和含义，从而从不同层面来塑造个体的道德人性并强化了道德人性对个体行为的影响。这是个体与外界进行交流，实现信息交换的互动过程。

2. 道之以德与知行合一：道德—行为作用机制与中国管理哲学的内在契合逻辑

个体对道德系统的内化与道德行为的发生实际上又与儒家关于人的本体伦理①的基本哲学理念相吻合。“道德”与“得道”一起构成了一个理想和实现的本体诠释学的圆圈（循环）。它体现出知与行的合一，理论与实践的统一。这样，道—德，首先成为一个创造性的辩证的过程，一个合内外之道的过程，内心拓展为能够接纳外物的更广阔的内在实体，整个过程被看作是自我的修养（修身）和道的践行。与之相对应，个体对道德系统的学习、内化过程就是道之以德的过程，即个体积极地将道德系统内化为道德需求，从而自觉接受道德引导的过程。道德影响下的动机过程便是道德对人性潜能的激发过程。而道德行为的发生便是知行合一的表现，是一种自我修持，一种社会层面的自我管理和自我发展。最终，道之以德、知行合一的过程将实现组织和社会的和谐进步以及个体的全面发展，也即管理终极目标的实现。这一过程可通过道德—行为作用机制模型来描述：

---

① 成中英. C理论：中国管理哲学［M］. 北京：中国人民大学出版社，2006：66—67，70.

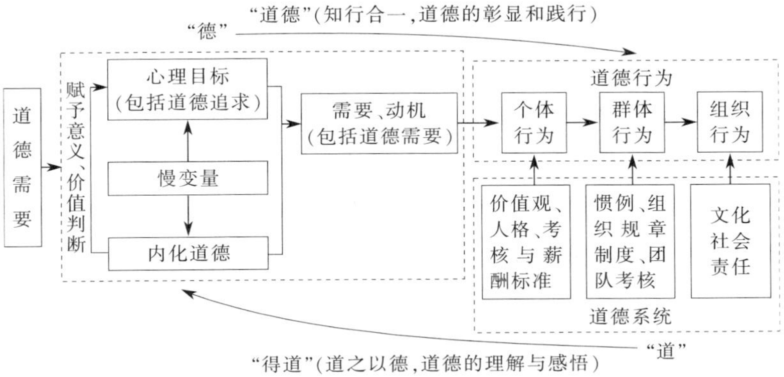

图 4.1 道德—行为作用机制模型

五、“道德人”人性假设与道德行为

道德对个体产生两个方面的作用和功能——引导激励和约束督促功能，从而使个体更好地满足其道德需要。道德的引导和约束功能分别通过道德的两种基本表现形式发挥作用：通过操守与美德，道德引导人们做出利他行为，具有互惠性，即引导人们向善；而通过准则和规范，道德要求人们不做不道德的事，具有自律性，即要求人们弃恶。需要进行界定的是，道德行为并不排除而是涵盖互惠行为，即利他行为并不否定个体行为的自利性。道德行为的自利性更多表现为一种基于社会的间接自利，是充分考虑社会价值的自利。它以道德意识为基础，这种道德意识是道德需要（道德自觉）的产物。道德意识使人们开始意识到社会价值的存在以及个人利益与社会利益的相互依存关系。应该说，人们自觉接受道德在价值认知上的引导和约束的道德自觉具有高度理性——它使人们获得外界的肯定、规避外界的惩罚。

又根据动机的不同，可将道德行为进一步细分为自我监督型道德行为、自我防御型道德行为、压力规避型道德行为、美德追求型道德行为、自我实现型道德行为和学习成长型道德行为。其中，前三种道德行为属于自律行为或弃恶行为，而后三种道德行为属于利他行为或向善行为。对六种行为的基本内涵区分如下：① 自我监督型道德行为：因严于律己的自我监督和对于道德规范的恪守，即使在无他人监督的情况下也表现出符合道德的自律行为，具有高度自觉性；② 自我防御型道德行为：处于博弈情境中的个体，为不使博弈结果恶化而产生的妥协或合作行为；③ 压力规避型道德行为：社会中的个体为避免面临自身认知失调和社会舆论的心理压力所做出的自律行为；④ 美德追求型道德行为：因个体对于美德情操的积极践行和对于崇高道德意义的追求而产生的奉献或自我牺牲行为；⑤ 自我实现型道德行为：个体基于英雄主义情怀或为寻求自我发挥并获得成就而进行的利他行为；⑥ 学习成长型道德行为：个体为实现自身成长而把利他行为作为一种学习的过程来积极践行的行为，如为获得某种特殊的经验，具有互惠性。

上述不同的动机又可通过道德—行为作用机制模型，对其进行微观层面的分析和解释。动机的不同，可归结为内化道德对个体不同内容的心理目标施加引导和约束所产生的结果。心理目标发展与实现的自组织过程，实际上就是个体的动机。心理目标为满足包括道德需要在内的各种需要而形成，而系统内化的道德能够通过价值判断来影响心理目标的初始形态，也能通过价值导向对各种心理目标后续的发展趋势和发展方向产生作用，从而使个体行为具有道德性。

六、“道德人”人性假设与中国式管理实践

“道德人”人性假设，是中国式管理的根本内在规定。“道德人”人性假设以人性内在可塑论的视角将对人的管理定义为更好地实现组织目标，而对组织中的个体之人性进行引导，并形成优秀的群体人格，以提高人性对于组织客观环境适应性的过程。而人性之道德属性正是对人之管理的核心着力点。一方面，道德人性赋予个体自我管理和自我提升的能力；另一方面，它又以对于人性其他属性的充分尊重避免了对于人性其他方面的抑制。这样一种调和的姿态将给予人全面而深刻的内在激励，从而使管理在实现经济职能的同时也实现其社会职能——使员工的人生价值在工作中得以充分实现，既通过体面的工作获得社会的尊重与肯定，又在不断的自我修行和心性的完善中切实为组织和社会创造财富和价值。因此，“道德人”

人性假设对于道德人性的解读，作为中国式管理的逻辑起点从根本上规定了中国式管理是以人为本、高度社会责任、人为为人、以德服人且刚柔并济的管理。

从激励的角度看，中国式管理通过对员工的人文关怀与引领，形成员工对组织在“灵魂与精神”层面的归属与认同，将激励的着力点落实到组织与员工的共同价值理念之上，从而塑造相互尊重和支持的群体意识，突显员工工作中的人生价值与人格尊严，形成以道德激励为基础的自我激励与全面精神激励，使员工的潜能得以自主而能动地释放。

从管理机制看，中国式管理的精妙之处在于其恰到好处地为员工提供了一种以道德为核心的普适价值观。此价值观以对个体个性和意志自由的尊重为前提，实现了对人性向理想人格发展的引领，却并没有扼杀个体任何一种合理实现其他价值和目标的可能性，故中国式管理并非体现为一种权威的强制力，而是一种人本主义的柔性管理，这将极大地激励个体潜能的发挥。中国式管理并非仅仅将注意力停留于行为规范层面，而是试图向行为发生的根源即心灵与人格注入一种能为世人所普遍鉴赏并追求的价值理念，通过在整个组织内部形成道德理性，实现组织行为德与智的结合以及义与利的统一，进而实现个人与组织的和谐共荣并实现个人职业与生活价值的协同与提升。

从管理手段看，“道德人”人性假设所体现的“推己及人”“修己安人”的人性规律和内在要求规定了中国式管理所应具有的权利平等与相互信任的管理沟通关系，这也是柔性管理的基本要求。而中国式管理也对管理者提出了较高道德修养品质的人格要求。其要求领导者具有一种道德人格魅力，使员工能够从其管理决策中获得强烈的公平感知和内在激励。中国式管理在依靠管理者艺术、柔性而具有影响力的领导力的同时，也需要以道德系统为重要内容的组织文化和制度体系的支持，从而在整个组织层面形成一种道德文化力与向心力，这使得整个组织在获得更高效率的同时成为社会责任的积极履行者，这也势必需要将管理的艺术性、人文性同其科学属性一同应用于更广泛更深刻的领域之中。

具体而言，“道德人”人性假设刻画了中国式管理实践“企业就是道场，管理就是造福，工作就是修行”的鲜明形象：① 中国式管理以对道德人性的深刻认识和对道德的高度关注为基础；② 权力等级被淡化，管理者具有道德人格魅力，并以身作则地帮助员工在工作中完善自我、提升人生价值；③ 员工具有自我完善、自我提升意愿，管理上以实现员工自我管理为目标；④ 重视员工道德感、美德和责任心的培养，激发员工对工作意义的感知，加强员工的道德教育，促进员工的道德学习和内化；⑤ 塑造以道德为生成和建设之源头且与社会道德系统相容的企业文化体系，秉持以人为本的管理理念，创造信任、平等、合作、开放的工作氛围和工作方式；⑥ 积极履行企业社会责任，努力践行企业道德行为，树立良好道德形象；⑦ 鼓励和引导组织公民行为，塑造组织成员的理想道德人格，重视对心理契约的有效管理。

七、结论及“道德人”人性假设的管理学意义

本章在对中国管理哲学、中国管理实践以及德性三者之间的内在逻辑进行梳理的基础上，基于中西管理思想的互动趋势、人性假设发展的历史逻辑和市场员工的道德诉求，论证了“道德人”人性假设提出的必要性与合理性。通过对中西管理要素作基于道德与契约的原理性比较分析，进一步说明了道德人性显著的中国特色和管理学意义，也描绘了中西方管理得以良性互补的道德与契约相结合之路径。“道德人”人性假设以人性的视角明确了道德在个体与外界互动效率及人生价值自我升华过程中的核心作用，并通过道德—行为作用机制模型发掘出道德人性对于中国式管理得天独厚之优势及其基于心理学基本原理之普适价值。同时，“道德人”人性假设通过对工作进行人生价值之承载、实现个人价值与社会价值之相辅相成的描述回答了“人的工作动力的性质和来源是什么”这一人性假设的核心命题。进而，本节以“道德人”人性假设为逻辑起点作出了基于人性可塑论的管理之定义，从而为中国式管理赋予质的规定，并为其提供了丰富的精神性和原理性内涵，丰富了管理的社会性职能，描述了中国式管理的应有轮廓。具体而言，“道德人”人性假设具有以下管理学意义：

1. “道德人”人性假设是对动机的自组织理论[①]的补充和完善

（1）“道德人”人性假设以动机的自组织理论对个体需求—目标—动机—行为作用机制的微观解释为基础，建立起了心理系统这一微观概念与外界社会这一宏观概念之间的联系，初步解释了外界环境与内在心理系统如何通过道德内化过程进行互动，增强了个体需求—目标—动机—行为模型中心理系统的外部客观适应性。

（2）“道德人”人性假设提出了道德能够影响动机的形成和强弱的观点，进一步解释了寻求意义的人如何对其心理目标赋予社会意义和价值。道德对心理目标进行好与坏、善与恶的价值判断，它向个体说明哪些目标是能够适应外部环境的，是值得实现的，以及这些目标有多大的社会群体价值。

（3）“道德人”人性假设解释了人类创造的符号系统与人类动机系统的转化机制和联系机制，即人通过学习将道德内化的过程。

2. “道德人”人性假设是对个体非经济理性的内在丰富性之原理性诠释

“道德人”人性假设既通过道德人性自身的丰富含义，充实了人性的具体内涵，又通过道德人性与人性其他方面的相互作用机制即道德—行为作用机制诠释了人性各色光辉的彰显。“道德人”人性假设与人性的其他属性一同构成了人性的一体多面，展示了个体人性上的多样性和丰富性，它体现出人性的深层次内涵以及经济理性之外的道德理性这一生命的智慧。

道德人性为不同的形式所反映：其在组织行为上具有组织公民行为的表现；在人格上有高度的责任心、较高的随和性和开放性的表现，可形成道德人格；在组织心理层面集中表现为组织与员工的心理契约。同时，“道德人”假设肯定了人性的综合性与立体性，其所描述的人性是个性与

---

① 章凯．组织行为战略：管理变革的方向与动力［M］．北京：经济管理出版社，2003：71—74．

共性、世俗性与超越性、个体性与群体性、独立性与社会性的统一，既具有天然的本能诉求又包容后天的文化底蕴。这样一种立体的人性观所呈现的人性内在丰富性正说明了人性所蕴含的巨大潜能，这使得管理的艺术性得以进一步凸显。

3. “道德人”人性假设是对管理工具理性的超越与对中国式管理哲学性和人文性的挖掘

西方现代企业管理体系充分发挥了人的工具理性，并使理性演化为控制人性以获得利益的机制。而“道德人”人性假设则深刻认识到人性普遍潜能的自觉即道德对人性的内在可塑性，从而使管理的功能扩展到不仅仅局限于企业利益的个人发展、社会和谐以及开拓人文、引领人性等方面。它诠释了管理普遍而全面的价值性和除科学性、艺术性之外的人文性，充分体现了人本主义的管理理念。

4. “道德人”人性假设是对其他人性假设理论的综合与发展

（1）“道德人”人性假设与“经济人”人性假设中的自利性和理性假设并不冲突且相辅相成。“道德人”人性假设中的自利性是一种能够提高个体适应能力的长远性理性，是对“经济人”自利性的超越。相较于“经济人”，其自利性的内容要更为丰富，是一种更高层次的生存智慧。并且，“道德人”人性假设进一步肯定了个体行为的另一面，即利他性。

（2）“道德人”人性假设与“社会人”人性假设皆将人的社会属性作为自己的逻辑起点，也皆肯定社会关系对个体行为的影响，强调人对组织的依赖性。但“社会人”人性假设从效率的角度来描述社会关系对个体行为的影响，且认为社会关系以群体压力的形式对个体产生影响；而“道德人”人性假设却是以个体与外界的良性互动为视角，认为个体具有自我完善和获得社会价值的意愿，从而明确了行为的自主性和自发性。

（3）“道德人”人性假设与“自我实现人”人性假设皆认为人们能够进行自我激励和自我管理，也同样强调对于内部激励的重视和应用。而“道德人”人性假设进一步肯定了个体内在的自我提升意愿对外界环境产生的积极影响，使得人的心理系统成为开放的自组织系统，从而解释了个体由内而外与组织实现共同发展的相互作用机制。

（4）“道德人”人性假设契合了“复杂人”人性假设的权变思想，并进一步说明了个体动机过程的权变及在行为塑造效果上的统一。“道德人”人性假设并不否认人性的复杂，即并不单一地认为人性善或恶，而是抓住管理中人性问题的关键，说明了道德对人性的内在可塑性及在不同情境中对不同心理目标产生的双向引导功能，进而产生向善与弃恶两种行为。

（5）“道德人”人性假设与“文化人”人性假设皆肯定文化对个体行为的价值提供作用，也皆提倡以企业文化为核心的文化管理。但“文化人”人性假设仅从宏观层面突显了文化深刻的管理意义；而“道德人”人性假设则落实到具象的个体，解释了自组织心理系统与人类符号系统的相互作用机制，并找到了一种普适而关键的优质文化内容——道德，从而大大提升了文化管理的共性、客观性和普适性。同时，“道德人”人性假设以“个体在工作中实现人生价值的提升”的观点为个体工作动力的来源问题提供了依据，从而弥补了“文化人”人性假设对此问题解释力的不足。

（6）“道德人”人性假设以“目标人”人性假设为基础，在个体心理系统中加入了除目标以外的另一个慢变量内化道德。这样，“道德人”人性假设便解释了个体对不同目标的识别和判断过程以及动机强弱的形成机制。

5. “道德人”人性假设是中国管理哲学的管理学提炼，是中国式管理实践的道德之魂

中国的管理哲学，可以说是一种典型的伦理管理哲学。而对于道德的诠释、开发和应用则贯穿于伦理管理哲学之中。“道德人”人性假设是对中国管理哲学中“德行”“仁”等人性概念的管理学提炼与诠释。同时，“道德人”人性假设决定了中国式管理的管理理念、管理模式、管理艺术等种种深层次的管理要素内涵，并为中国式管理实践提供精神与价值观上的统领与指导，为中国式管理注入一以贯之的道德之魂。从而，“道德人”

人性假设实现了中国管理哲学对中国式管理的质的规定，赋予了中国式管理强烈的中国特色，落实了中国管理哲学对于中国式管理实践的指导和引领，是中国式管理文化根源的具体化和形象化。

参考文献

[1] 成中英. C理论：中国管理哲学 [M]. 北京：中国人民大学出版社，2006.

[2] 王利平. 中国式管理的传统与现实 [M]. 北京：中国人民大学出版社，2010.

[3] 齐善鸿，张党珠，邢宝学. "以道为本"的企业文化内涵及生成机理研究 [J]. 管理学报，2013，10 (4)：488—493.

第五章　道德是解决家族企业治理X非效率问题的良方

X效率理论为家族企业治理提供了个体视角，从而为家族企业治理的低效率提供了配置性效率之外的解释。家族企业治理X非效率基于委托代理理论的解读揭示了X非效率的根本原因——委托代理双方人际信任的缺失。在中国家族企业中制度信任无法弥补人际信任的缺失，而道德却能实现代理方道德自律与道德激励所产生的高水平努力和委托方对于代理方高道德水平的信任之间的“礼物交换”，从而发挥其得天独厚之优势，促进中国本土人际信任的发展，进而优化委托代理双方差序格局下的博弈解并促进家族企业治理效率的提升。具体而言，道德以扬弃的姿态延伸为超越血亲关系的家文化泛化形式，通过促进资本激活与融合、多层面积极施压和对正式契约的弥补来改善X非效率，进而产生超常规效率。

随着竞争的日趋激烈，中国的许多家族企业遇到了怎样才能可持续发展的瓶颈问题。在以不完善的资本市场与职业经理人市场、低文本情境和圈子文化为特点的外部治理大环境下，居高不下的内部治理成本在治理低效率的事实面前显得苍白无力而又带着几丝一厢情愿的无奈。监督，始终是家族企业治理处理委托代理问题的主要手段。以往研究大多尝试通过正式契约和制度约束等组织制度层面的研究来提高效率。然而，职业经理人的监督成本过高已成为不争的事实。在公司治理的理论研究中被设计得纷繁精巧、被寄予厚望的监督在现实的公司治理中，却演变为一张张充斥着漏洞的显性制度网——始终未能控制住代理人的不良动机并激励其为企业的发展尽心尽力。各种正式契约的交织与制度的制衡使得公司治理未免过于生硬，这在一定程度上又促使了劳动的“异化”，从而进一步降低了人的主观能动性和积极性，委托人与代理人始终处于相互对立的“己”与“异己”的格局，双方之间被刚性的交易关系与契约关系所联系，却也因其刚性而始终未获得关系改善的空间，两者的目标始终缺乏相互一致与统一的动力，这势必会恶化家族企业治理的X效率。本章试图从X效率理论的视角对家族企业治理的低效率现状进行分析，并聚焦于家族企业治理X非效率背后的本质原因，通过对家族企业治理X非效率进行基于委托代理理论的原因分析，得到了以道德为主要内容的家族企业治理X非效率的解决路径。进而本章分别将行为经济学派乔治·阿克洛夫（George Arthur Akerlof）的劳动力市场礼物交换模型这一宏观分析模型与哈维·莱宾斯坦（Harvey Leibenstein）的企业内劳动生产率的囚徒两难博弈模型融入中国家族企业差序格局的具体情境之中，从而说明道德作为家族企业治理X非效率问题良方的作用机制，并给出了基于道德治理的家族企业治理建议，提出以道德与道德信任为重要治理补充机制的治理构想，从而提升公司治理柔性，获得家族企业治理的效率提升，彰显了道德的管理与经济意义。

一、“非效率”：X效率理论视角下的家族企业治理问题

1. X效率理论为家族企业治理提供个体视角

X效率理论由莱宾斯坦针对企业非配置性效率问题而提出，是以个人为单位的经济理论。X效率理论的另一代表人物弗朗茨指出：“X效率一词中，X代表来源不明的非配置效率。”[①] 莱宾斯坦在《配置效率与“X效率”》一文中用大量实证数据证明了企业X非效率的存在，并说明较之于配置性效率的低下，X非效率对企业的整体效率更具破坏性。同时，他将

① ［美］罗杰·弗朗茨. X效率：理论、论据和应用［M］. 费方域，等，译. 上海：上海译文出版社，1993：2.

X效率界定为动机性（motivational）要素和非市场（nonmarket）要素所带来的效率。[①] 刘小怡将X非效率总结归纳为非配置性低效率，是经济单位（企业或家庭）由于内部原因而没有充分利用现有资源或获利机会的一种状态。[②]

家族企业治理的以往研究，皆专注于家族企业治理的内外部治理机制，然而个人是行为的基本决策单位，个体的行为不仅受到治理机制的引导和约束，更受其自身的意志和动机所支配。特别是对于监督成本极高且努力水平和目标动机都对家族企业的治理和发展具有深刻影响的职业经理人，其目标和利益与企业所有者的不一致必定对企业效率产生极为不利的影响；且企业所有者与职业经理人之间的信任问题始终没能得到很好的解决，而家族企业特有的文化因素和成员角色也与效率之间存在一定的矛盾——个人的主观能动性、利益相关者之间的相互关系和企业文化等因素皆启示我们深入个体的角度，以X效率理论为理论视角来分析和解决公司治理中“人为因素”造成的效率问题。

2. X非效率已然成为中国家族企业治理的瓶颈

就资源配置和权力配置而言，企业治理通过产权制度、正式契约、治理结构等企业治理机制的完善和科学化，理应能够产生高效率的治理效果。然而，中国家族企业却一直面临着治理成本高、决策质量不佳、公司可持续发展动力不足等问题，可见制约家族企业高效治理的因素早已不仅仅是资源配置问题那么简单，家族企业的治理效率问题已需要从非配置性效率的角度来进行审视。而家族企业作为家与企业紧密结合的系统，家的概念已充分融入企业之中，这势必会致使企业成员身份的多重性、人际关系的复杂性以及更多利益关系的牵扯，这又在很大程度上加剧了企业X非效率的形成，故家族企业治理的X非效率已然成为家族企业治理低效率的重要原因。具体而言，家族企业治理的X非效率通常表现为：① 企业极高

① Leibenstein H. Allocative Efficiency vs. “X - efficiency” [J]. The American Economic Review. 1966, 56 (3): 392—415.

② 刘小怡. X效率一般理论 [M]. 湖北：武汉出版社，1998：25.

的任用风险和代理成本；② 委托代理机制运行受阻，范围受限；③ 企业资本社会化进程缓慢；④ 治理模式变迁成本高；⑤ 过度投资与投资不足。

二、探析“X”：委托代理理论下的非效率探因

1. 基于委托代理理论的 X 非效率原因解读

根据 X 效率理论，X 非效率来源于动机低下、价值观冲突、行为目标不一致等个体的主观因素。而 X 效率理论是针对一般化的组织概念中的个体所提出的，故针对家族企业治理的特殊性，本章尝试运用委托代理理论的相关原理来对 X 非效率问题的原因进行解读，使 X 效率理论更充分地嵌入家族企业治理的现实和具体情境之中，将家族企业治理 X 非效率的原因具体化和形象化，以期真正解释造成家族企业治理非效率的“X”的具体内涵，实现 X 效率理论与公司治理的紧密衔接，并打开家族企业治理中影响非配置性效率的黑箱。

（1）获利机会的丧失：委托代理双方风险偏好存在差异。X 效率理论认为 X 非效率的来源之一是无法及时把握获利机会，反映在公司治理上，便是委托代理双方风险偏好的差异导致了经理的决策和投资不一定能够提升企业价值（Sepe，2010）。且治理机制对于经理的激励不当会诱发经理的冒险行为，从而背离为企业价值创造所需的合意水平，导致企业过度投资或投资不足。①

（2）努力熵：委托代理双方的目标和利益各异。X 效率理论认为企业内部 X 效率的高低与努力熵的大小有关，而努力熵体现在公司治理中便是代理人的努力水平对委托人目标的偏离。通常来说，企业所有者以企业利润为目标，职业经理人则可能在经营决策中为了自身人力资本的增值而偏离企业的切实发展所需。

（3）全权委托偏好：过度集权导致角色定位混乱。X 效率理论认为，

① 黄再胜．经理薪酬激励风险效应与风险治理研究述评［J］．外国经济与管理，2012，34（5）：67—74.

个体宁愿作出自己的选择并承担这一选择的后果，而不愿意接受他人的选择及后果。而现代企业三方治理的治理结构决定了决策是所有利益相关者选择的均衡，加之以家族企业是所有者艰苦创业的心血结晶，故在决策过程中，所有者会过度集权来使均衡结果偏向自己的意愿，从而使经营者的角色定位混乱，并不积极地执行企业决策，造成经营者的满意度和积极性较低。

（4）惰性区域：对创新的规避。X效率理论认为个人行为存在惯性，每一次放弃该习惯都会带来一定的成本，而经理人员有可能利用信息不对称以避免寻找新状态、学习新反应和破坏现有社会关系的成本，故明明可以提高努力水平并提高经营绩效，经营者也很有可能选择维持现有努力水平。

（5）选择性理性：委托人的决策动机复杂且不确定。X效率理论认为人的行为不具有充分理性，是“感性”和“理性”的混合，一方面其不愿意受约束，凭感觉行事，另一方面又会根据标准，追求效用最大化。故职业经理人不一定只从利润角度来考虑问题和行为方式，而他也不一定只是被动地接受董事会的决策。职业经理人也有着多样性的社会角色，存在道德冲突。

2. 道德和道德信任的缺失是家族企业治理X非效率的根本原因

（1）委托代理双方人际信任的缺失是家族企业治理X非效率的根本原因。运用委托代理理论对家族企业治理X非效率原因进行深入解读不难发现，现有家族企业治理机制无法有效激励个体提高努力水平并调整其动机和目标来实现职业经理人这一人力资本主观能动性的发挥，使其成为“死亡”的人力资本甚至是降低效率的破坏性人力资本。职业经理人等外部人力资本的融入过程也面临着巨大的内部阻力，这显然阻碍了家族企业的管理职能职业化进程，进而制约家族企业的成长。

而职业经理人的道德风险无法被现有治理机制有效规避而沦为现实是家族企业治理非效率的另一重要原因。职业经理人的经营才能没有得到充分的利用和开发本身就是资源的极大浪费，何况职业经理人还有可能做出损害企业利益的败德行为。若单就委托代理成本而言，显然职业经理人引入的成本要大于内部人的治理与运营，于是现有大部分研究试图用管理职业化所带来的管理能力这一稀缺资源的增加产生配置性效率进而提升企业绩效来“平衡”代理成本的升高。诚然此原理确实能为家族企业人力资本社会化提供动力，然而中国家族企业配置性效率之外的X非效率却极大地阻碍了能动的外来人力资本对配置性效率的优化。

这导致了现实中家族企业面临着一方面迫切需要提升管理能力来满足其成长需求，另一方面又存在人力资本社会化过程成本过重、风险过高的尴尬局面。家族企业治理X非效率在从家族控制到职业化经营的人力资源社会化过程中尤为突出，这一现实提示我们从家族控制与职业化经营两种代理模式的比较中寻找家族企业治理X非效率的根本原因：中国家族企业人力资本社会化的过程从形式上看，就是外部人接替内部人管理企业，内部人对外部人进行监督和激励的过程，而在这样一种“内对外的接纳和外向内的融合”的过程中，阻力骤增，一种“润滑剂”开始缺失，这便是信任。

依据杨中芳、彭泗清的观点，家族企业因中国传统文化和历史的影响，其主要依靠人际信任，且此人际信任是一种基于人际关系的信任。于是，人际关系的亲疏有别，便形成了“自家人”与“外人”两分的信任的差序格局。而人际信任又是基于交往双方的相互参照，故在委托代理初期，由于交往经历的相对空白和血亲关系的缺失，拥有专业管理能力的非血亲关系者自然被划归为“外部人”而产生不公平的感知，进而会更多地以私利来考虑问题，这显然使得外来的职业经理人与家族企业在目标上出现较大偏差，公司治理的X非效率问题便因此而形成。正如杨中芳、彭泗清所论述，人际关系与人际信任存在辩证的关系，形成以个人遵循在交往之初的既定关系所隐含的角色义务为起点的循环锁链[①]，在企业主与职业经理人的人际交往中，职业经理人显然会因其“外部人”待遇而违背能力

① 杨忠芳，彭泗清．中国人人际信任的概念化：一个人际关系的观点［J］．社会学研究，1999（2）．

导向的交往原则而认为显失公平，并以“外部人”的角色来定位自己的努力水平，造成经营绩效的差强人意，从而又阻碍了以才能赢得信任的信任生成路径，进而双方的交往启动了人际关系与信任的恶性循环，内部人与外部人之区别成为委托代理双方无法逾越的鸿沟，家族企业治理的 X 非效率就此形成。企业主与职业经理人基于“局外人”的既定关系角色义务与双方的实际表现及相互感知如表 5.1 所示，从表中能够清晰看出双方关系导向与能力导向的角色定位错位将导致双方对于对方表现的不满意。

表 5.1　家族企业委托代理双方的角色定位与义务对比

	自我角色定位	对对方的角色定位	自己的义务	对方的义务
企业主	内部人契约监督者	契约上的能力提供方	监督外部人履行契约，维护内部人利益	用先进管理技术和能力提升企业价值
职业经理人	被认定为外部人	能力上的依赖者	维持与企业所有者的契约关系	公平地提供基于能力的报酬

由此可得出结论：家族企业真正的矛盾不是契约与关系之间的矛盾，而是蕴含于家族企业之中人际交往上内外有别的矛盾。

（2）中国家族企业中制度信任无法带来对人际信任的弥补。目前大量研究皆试图通过显性治理制度的完善来增强委托代理双方对于制度的信任与信心，从而以制度信任的方式来提升委托代理双方的合作效率。而这些显性制度的完善很大程度上是对职业经理人的行为规范和物质激励。或许这些精妙的制度在西方社会的契约与法制背景下能够较顺利地争取到委托人的制度信任，也在一定程度上保证代理人的应有权利；然而在拥有“差序格局”并讲求“关系”的中国社会，特别是在“家文化”横贯其中的中国家族企业中，制度信任的建立就会遭遇本土文化及管理理念的巨大阻碍——制度信任意味着契约对于关系的直接替代，是对基于关系的人际交往模式的颠覆，从管理哲学来看，是从“人为为人”的互动到“一切按规矩办事”的博弈。从基于血亲关系的人际信任直接转化为基于契约关系的制度信任显然会影响建立在血亲关系及名分之上的领导权威，从而必定会使企业主面临巨大的家族内部压力。在家族企业制度信任的内部生产受阻的同时，其外部供给也十分缺乏——中国家族企业的职业经理人的外部市场尚未成熟，职业经理人的信誉评价与记录机制尚未形成，现行职业经理人的市场机制显然还无法说服企业主将辛苦打拼且关系到整个家族利益的家族企业交予一个“局外人”来管理，这样做无疑具有过大的风险。

而就代理人对委托人的信任来看，由于治理机制的设计权并非掌握在代理人手中，故代理人只能被动接受用于激励他的治理制度安排。影响代理人制度信任的是其对于家族企业内部治理机制的不公平感知，进而代理人的归属感和工作满意度降低，从而产生强烈的利己动机。根据组织公平理论，可将对制度的公平感知归纳为程序公平，而人际和情感上的公平感知则可归纳为互动公平。首先，基于中国以儒家文化为基础、注重人情关系的社会背景，我们有理由推断中国人对互动公平的感知比程序公平要更为敏感。汪新艳等的中国本土实证研究也支持了这一推断，其研究表明，三类组织公平中，互动公平对于组织公平的解释力度最大，而不是西方研究所显示的分配公平或程序公平。[①] 其次，结合领导—成员交换理论与现实生活经验可以提炼出组织公平的三个维度之间存在着互动—程序—分配三个环节之间相互渗透、依次作用的内在交互影响逻辑，而对于家长式领导的中国家族企业，人际上的差异将导致治理的区别对待，以至于最终在分配上形成分配的差序格局。

以上分析，从理论上说明了在中国文化背景下和中国家族企业现行的发展阶段下，单纯地以制度信任弥补人际信任并非一种理性的现实选择，那么假若家族企业在现有状况下实行制度的公平，使职业经理人获得相对公正的待遇以提高其公平感知和制度信任，是否会得到治理的高效率呢？应该说职业经理人持股这样一种激励和分配制度是对代理人进行有效激励的一种主流手段，也被认为是一种理论上可行的对职业经理人实现制度公平的正式契约安排。而何轩、陈文婷、李新春的实证研究却说明了职业经理人持股这一主流委托代理理论所认为的家族企业形成现代企业制度的最根本途径并不能提高现阶段中国家族企业的决策质量，因为其可能引发内

---

① 汪新艳. 中国员工组织公平感结构和现状的实证解析［J］. 管理评论，2009，21（9）：39—47.

部人公平问题。[①] 故可以得出结论，当前中国家族企业所面临的矛盾并非契约治理与关系治理之间的矛盾，而是家族企业关系治理所致的“内外有别”现象中内部人与外部人的矛盾。

（3）道德是促进中国本土人际信任发展的最重要元素。相较于制度信任和人际信任之间的深刻区分与替代关系，道德这一隐性制度实现了制度与关系导向之间的调和。作为隐性制度，其自然也提供了一种规范和价值观。而这样一种规范和价值观在中国文化的语境下又恰用来为中国社会提供一种交往并建立关系的范式。

首先，需要对道德的具体内涵进行界定。作为解决家族企业治理X非效率问题的道德显然不同于家族企业内部的家族伦理，其具有较之于家族伦理更为广阔的视阈，属于普遍意义上人际交往的社会范畴。其突破了家文化与血亲、家族的局限，基于个体的道德人性而提出。而在中国文化的语境下，其涵盖且高于福山在其著作《信任——社会美德与创造经济繁荣》中所谓“美德”并遵循中国传统文化中的道德涵义。具体而言具有两方面内涵：一是道德引领个体实现自身人性的完善和人性中善的育化，从而使个体行为超越功利性并表现出一种全面发展的道德追求和自省自律的修持；二是道德建立起了个体与外部环境（包括社会环境、组织环境）的普遍联系，提供了一种强调整体利益的价值观，它促进个体在与组织（社会）的协同发展中去实现自身的价值，从而与外界形成良性互动，颇具自利与利他高度统一之意味。当然，作为中国传统文化中的核心概念，道德的内涵远不止于此两个方面，但这两方面的基本内涵已经烘托出道德之于人际信任的决定性意义：

第一，道德对于个体全面发展与自省自律的激励和引领作用将提供一种个体信用，这种信用源于个体对诚实守信以及个体信誉的重视和尊重，体现为一种能够促进双方合作、减少交易费用的社会资本。而这种信用在家族企业委托代理关系中则表现为代理人对败德行为和机会主义行为的自

① 何轩，陈文婷，李新春．赋予股权还是泛家族化——家族企业职业经理人治理的实证研究［J］．中国工业经济，2008（5）：109—119．

觉抵制，并努力通过学习、历练、实践等来提升自己的经营管理能力并提升公司价值。而委托人则会表现出一种基于领导德性的尊重态度与公平治理理念，从而赋予代理人相应权利、责任和信息，甚至公开表达对其的信任。

第二，本土人际信任的各前因变量皆体现出深刻的道德内涵。杨中芳、彭泗清将中国本土人际信任定义为在人际交往中，双方对对方能够履行其所被托付之义务及责任的一种保障感[①]，凸显了本土人际信任模式的义务基础。而中国传统文化便是靠“德”来保证和引领个体履行自身之于他人的责任及义务。中国传统文化中的“德行”很大程度上便以是否恰如其分地履行了自身责任及义务为判断标准，故道之以德是一种通过修行来履行人之为人之使命的过程，中国本土人际信任便随之建立。进一步地，杨中芳、彭泗清提出了三种诚信保障——诚实、诚意、诚信[②]，其事实上又能够对应于道德的自律性、超功利性和互惠利他性的基本性质。在文章中，他们也强调在这一以义务为基础的信任模式中，人品的评价是唯一最重要的个人信任因素。而显然在中国社会中人品好坏基本可与道德水平等同。

第三，中国传统文化中的道德所体现的由内而外、由点及面向外界扩展的思想，使中国信任的差序格局实现超越血亲关系之扩展成为可能。中国传统文化中的道德本身就蕴含了一种尊重他人和社会组织家族化的思想观念。正如梁漱溟先生于《中国文化要义》中所说：“中国是‘伦理本位的社会’，家族本位这话不恰当。中国人就家庭关系推广发挥，以伦理组织社会。它没有边界，不形成对抗，恰相反，它由近及远，更引远及近；泯望彼此，尚何有于界划？”[③] 由此可见，中国这一伦理本位的社会并不具有家族本位和宗法制度的强烈排他性，却有“以孝治天下”的普天之下皆

---

① 杨忠芳，彭泗清．中国人人际信任的概念化：一个人际关系的观点［J］．社会学研究，1999（2）．

② 杨忠芳，彭泗清．中国人人际信任的概念化：一个人际关系的观点［J］．社会学研究，1999（2）．

③ 梁漱溟．中国文化要义［M］．上海：上海人民出版社，2005．

为一家的包容性。而梁漱溟先生进一步分析道："伦理本位者，关系本位也"，"伦理者无他义，就是要人认清人生相关系之理，而于彼此相关系中，互以对方为重。"[①] 此一"相关系"仅指"以对方为重"，故此之伦理包含血亲之关系，又远远高于血亲之关系，此伦理至于个人道德则表现为一种相互尊重的义务关系。同时，先生还从中国伦理思想的相对论中肯定了伦理"自能随其所需而伸缩"的权变性和"随其相与之深浅久暂，莫不自然有之"的情分关系的客观性、可扩展性和延伸性。由此可以看出，以道德来增进人与人之间的关系不仅可行，或许还是当前中国文化背景下最为有效之路径。

三、道德：解决家族企业治理X非效率问题的良方

1. 道德对家族企业治理X非效率的作用机制

（1）以道德为基础的"礼物交换"促成信任与绩效之良性循环。我们认为在家族企业治理的委托代理过程中，道德能够以一种"催化剂"形式来促成委托人与代理人之间的礼物交换。乔治·阿克洛夫（George Arthur Akerlof）在《劳动合同作为部分程度的礼物交换》一文中认为："在礼物交换中，通常的规范是礼物应该高于在交换关系中留住另一方所需的最低标准。过高的报酬和工作规则的宽松性是企业给工人的主要礼物，工人给企业的礼物则是工作标准以上的那部分努力。互惠性是礼物交换的主要特征。"[②] 而本章则将该模型落实到家族企业治理这一具体情境中，认为在家族企业治理的委托代理关系中，委托人给予代理人的是对于代理方高道德水平的信任预期及信任行为，是家族对其的家人化接纳与信任；而代理人给予委托人的礼物便是由道德自律和道德激励所产生的高水平的努力、败德行为的避免和与家族企业的利益趋同与目标趋同。具体而言，道德能够从两个方面来促进委托代理双方的礼物交换：

---

① 梁漱溟. 中国文化要义［M］. 上海：上海人民出版社，2005.

② 梁漱溟. 中国文化要义［M］. 上海：上海人民出版社，2005.

第一，道德能够通过其自律性来提高交换关系中留住另一方所需的最低标准——通常的规范。这涉及委托代理双方的信誉问题。就劳动力市场而言，当工人们所做的并不高于保住其工作所需的标准时，他们的名誉要受损害；相应地，当企业支付给工人的工资并不高于保留住工人所需水平的工资时，企业的名誉也要受损害。[①] 这事实上便是市场规范中道德内涵的集中体现。当规范被注入了道德的成分，就将是对单纯的市场及契约规范的不完全性的有效补充，而阿克洛夫的模型正是建立在合同不完全这一假设之上的。道德规范能够有效地规避一定的代理方对于信息不对称的利用，使代理人自发自主地将努力保持在一个较高水平，从而降低了委托人的监督成本。根据阿克洛夫（Akerlof）和耶伦（Yellen）（1985）[②] 的观点，规范是改变行为的不可接受的高转换成本。而道德规范的自律性显然使代理人意识到失德行为的高边际成本——失德行为将对信誉造成巨大冲击，这种边际成本的不可接受性将形成强有力的自我监督和道德自觉。当然，代理人必须能够预期到自己将努力维持在较高水平这一道德行为的互惠意义，即以不违背自身的理性为前提。这就要求家族企业能够满足代理人希望得到企业公平待遇的需求，而这正是道德能够促进委托代理双方特别是家族企业委托代理双方礼物交换的另一个重要方面。

第二，通过提升委托代理双方的相互信任程度使企业以对委托人的充分信任为基础为代理人提供充分的公平感知。道德作为信任的基础和源泉，自然能够促进家族企业委托代理双方相互信任水平的提升——代理方的高道德水平使其获得委托方的信任，而委托方的信任自然会使得委托方采取更大程度放权、知识共享以及为代理方创造更优渥、和谐的工作条件和人际环境、工作环境等信任行为来回报代理人的道德行为。而事实上，这便是委托方的“道德行为”，这势必带来代理方的公平感知。应该说，

---

① ［美］乔治·阿克洛夫．劳动合同作为部分程度的礼物交换［M］//路易斯·普特曼，兰德尔·克罗茨纳．企业的经济性质（中译本）．上海：上海财经大学出版社，2000：254—265.

② Akerlof G，Yellen J．Efficiency Wage Models of the Labor Market．Orlando，Fla：Academic Press，1986：708.

这便是Akerlof所提到的“员工对企业产生情感的重要来源之一”[①]。而公平感知又会带来代理方的高努力水平进而产生高绩效，从而为代理人赢得高经营管理水平的信誉，从而促进以维护信誉为内容的道德自律和道德激励，进而获得委托人更高程度的信任并给予更充分而公平的回报。借此，委托代理双方形成了信任与绩效之间的良性循环（如图5.1所示）。

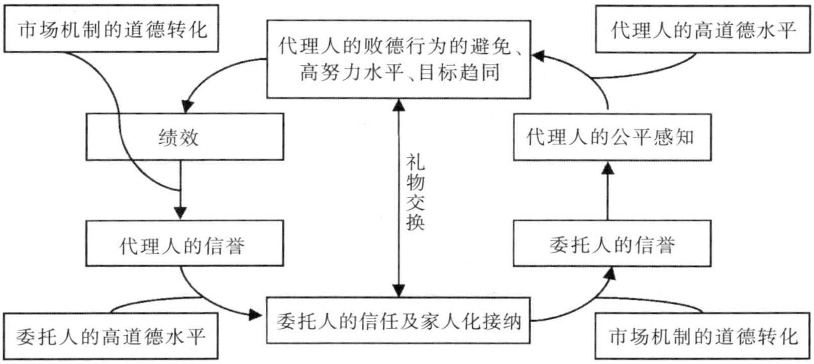

图5.1　以道德为基础的信任—绩效良性循环

（2）道德作为“礼物交换”基础优化委托代理双方博弈解。根据哈维·莱宾斯坦（Harvey Leibenstein）在《看不见的手中的囚徒两难》一文中的观点：“一旦从X效率理论假定来分析劳动生产率，对努力水平的选择权便不言而喻，劳动生产率就成了一个博弈论问题。”[②] 而本章则认为受道德调节的人际关系对努力水平的选择有决定性影响，从而结合家族企业治理的特点将委托代理双方的博弈分析嵌入中国家族企业最重要的特点——关系治理的差序格局的情境中。根据费孝通提出的中国社会“差序格局”的特点，中国家族企业会根据关系的亲疏将组织内成员归为几个区别对待的类别，从而形成以自己为中心、以血缘为纽带、层层外推的同心圆波纹的差序格局。[③] 而不同的亲疏关系则会产生不同的礼物交换规范并

① ［美］乔治·阿克洛夫．劳动合同作为部分程度的礼物交换［M］//路易斯·普特曼，兰德尔·克罗茨纳．企业的经济性质（中译本）．上海：上海财经大学出版社，2000：254—265.

② ［美］哈维·莱宾斯坦．看不见的手中的囚徒两难［M］//路易斯·普特曼，兰德尔·克罗茨纳．企业的经济性质（中译本）．上海：上海财经大学出版社，2000：245—252.

③ 费孝通．乡土中国［M］．北京：北京出版社，2004：29—40.

会产生不同的努力习惯。故每一类团队都将产生不同的同类团队标准（peer group standard）。[①] 显然越接近于圆心的成员的团队标准越类似于“黄金规则”，即代理人为企业的最佳利益行动，而委托人则为其提供最好的条件、薪水、保障。而离圆心愈远的成员，其愈倾向于以个人最大化方式行事，即极少为企业着想，在工作中做其他事来促进自己的个人利益。而企业也倾向于试图在最小化工作条件和工资成本的同时，使雇员付出最大努力。由此一来，同类团队标准便被分为与差序格局相对应的诸多类别，而努力习惯也因同类团队标准的差异而在差序格局中呈现出不同，从而带来不同的委托代理双方博弈的收益结果。而道德则能够使处于以血亲关系为纽带的差序格局中径向较远位置的一类人员超越血缘关系，从而推动双方的团队标准更接近于黄金规则，而这一推动力的来源便是上文中所分析的互惠性质的礼物交换。双方的博弈收益情况如表 5.2 所示：

表 5.2　差序格局下的企业与雇员博弈收益分析表

		企业的选择					
		黄金规则	同类团队标准 1	同类团队标准 2	同类团队标准 3	…	个人最大化
雇员的选择	黄金规则	15 / 15	16 / 9	17 / 6	18 / 5	…	20 / 3
	同类团队标准 1	9 / 16	12 / 12	13 / 9	16 / 6	…	18 / 4
	同类团队标准 2	6 / 17	9 / 13	10 / 10	14 / 7	…	16 / 5
	同类团队标准 3	5 / 18	6 / 16	7 / 14	9 / 9	…	12 / 6
	⋮	⋮	⋮	⋮	⋮	… / ⋮	⋮
	个人最大化	3 / 20	4 / 18	5 / 16	6 / 12	…	8 / 8

在通过调节人际关系来影响委托代理双方同类团队标准的同时，道德

① ［美］哈维·莱宾斯坦．看不见的手中的囚徒两难［M］//路易斯·普特曼，兰德尔·克罗茨纳．企业的经济性质（中译本）．上海：上海财经大学出版社，2000：245—252.

还能够作为一种隐性制度使得委托代理双方博弈的结果不会恶化为最差博弈解。考虑重复博弈的情况，由于委托人对于代理人的信任以及其在差序格局中的相应位置和代理人对于自身处于差序格局中何种地位的判断与感知皆系当事人的一种主观感受，虽两者皆以双方关系互动为依据，但对于这种关系的亲疏之判断本身便存在着个体之间的差异，故很有可能出现委托代理双方以不同的团队标准来提供待遇和努力水平，这使得双方并未产生联合对抗性选择。不妨假设委托人选择了同类团队标准2，而代理人则选择了同类团队标准3，即委托人对于双方关系的感知要比代理方对这份关系的感知更良好，则双方此次的收益分别为（7，14）即委托人7，代理人14。那么委托人此时会在下一阶段的博弈中做出个人最大化的选择吗？显然不会，因为委托人是有道德的—尽管委托人对此次博弈的结果并不完全满意，但基于代理人道德水平所建立起来的信任关系将增强这一博弈结果的可接受性，使得委托人对代理人的不令人满意的绩效进行外部归因，并表现出一定的宽容。而代理人也将基于道德，感受到自己被过分嘉奖，从而在下一阶段将提高努力水平，并产生更强烈的责任心和归属感。高道德水平甚至能够引导代理人突破自身的惰性区域，实现自我完善。显然该情况下，代理双方的表现皆是非市场或者说是非完全经济理性的。契约在此种情况下仅起到一个参照作用，且更多地表现为主观上的心理契约的内容。而道德则发挥了关键的作用，具体而言，这种作用可归纳为一种保障功能，它有效地规避了在代理双方的心理契约出现偏差时博弈结果的持续恶化，从而维护了代理双方关系的稳定性。它保障了委托人给予代理人一贯的支持与信任，也保障了代理人能够持续提供更高水平的努力。

2. 道德对家族企业治理具有重要意义

（1）道德是企业治理超常规效率的源泉。道德通过促进家族企业资本的运营与融合，产生超常规效率。这一过程几乎零成本，却又从根本上使家族企业治理X非效率问题得到较好的解决。

一方面，道德对人力资本的开发和利用具有提升作用。人力资本寓于行为主体之中，其效用的发挥取决于个人主观能动性的大小，道德能够增强个体的责任心和努力程度，为个体提供一种强调从自身出发，自省自律，强调自我价值实现，维护整体利益，合作共赢的价值取向。进而通过对个体主观因素的影响潜移默化地完成了对于人力资本的“激活”，为职业经理人实现自主自律提供内在机理。作为信任的源泉，道德能够改善委托人与代理人之间的关系，从而改善委托人与代理人之间的博弈初始条件，提高博弈结果的可接受性和互惠性，以提高双方的满意度与积极性。

另一方面，道德通过X效率的提升而产生对非人力资本与人力资本之间的调和。资源的配置性效率以非配置性效率为基础，故X非效率的解决又会进一步优化资源配置，从而实现资本从开发到管理直至运用整个过程的效率提升。正如著名经济学家厉以宁教授所说：“效率增长是有潜力的，而依靠物质技术条件，只能产生常规的效率，效率增长潜力的发挥主要依靠道德力量的作用。”① 职业经理人的经营管理水平直接决定着物质资源和人力资源的配置和利用，故只有职业经理人的动机、目标与企业发展实现契合，才能使职业经理的管理在有利于企业发展的方向上得以充分发挥，从而通过科学而负责的决策来优化其他资源的配置，实现企业价值的增长。

（2）道德内外兼顾积极施压，提升个人努力水平。根据X效率理论，个人努力水平来自压力，而压力又有积极和消极之分。积极的压力激发较高的努力水平而消极压力则抑制努力程度。具体到家族企业治理中，职业经理人面临上司的压力即通过内部治理结构和机制而产生的企业所有者的监督和不规范的外部治理机制的少许压力。而若内部监督不当，反而又会使压力变积极为消极，使职业经理人无所适从。而对应于其他三种压力，道德却能够分别从外部经理人市场（同事）、组织文化（传统与习惯）和个人修持（自我）三个方面全面向职业经理人积极施压，从而提高经理人努力水平：经理人市场将信誉作为职业经理人的重要指标；基于道德的企业文化使道德的践行成为一种习惯和优良传统；职业道德使职业经理人加

---

① 厉以宁．超越市场、超越政府：论道德力量在经济中的作用［M］．北京：经济科学出版社，1994：80—81．

强自我监督、规范和激励，并拥有高尚的职业追求，从而以公司管理为平台实现自我价值。

（3）道德通过心理契约实现对正式契约的弥补。X效率理论认为合同是不完善的，而事实上，委托代理的正式契约也是不完善的。企业所有者对于职业经理人的监督成本过高导致职业经理人能够利用信息不对称而降低自己的努力水平。而道德能够在所有者与职业经理人之间形成心理契约，并在双方的责任与义务方面达成共识，明确各自的权责范围，形成职业经理人的高度自觉与企业所有者的适当放权。以道德为前提的心理契约所涵盖的关系定位超越了正式契约的交易关系，其蕴含了一种互利共生的类家人关系，从而大大增加了职业经理人降低努力水平和产生败德行为的心理成本。

（4）道德文化是对家文化的泛化和扬弃。中国家族企业有着深厚的家族概念的文化积累，而家族道德规范又是家族企业家文化的核心要素。家文化中的血亲关系依据在企业家创业初期为企业节约了大量成本，然而在发展过程中却成了外部人力资本进入企业的主要障碍。故应该辩证地看待血亲关系在家族企业治理过程中的作用：在中国的文化情境下，一方面它为家族企业带来人际信任与强烈的家族归属感，使得家族企业成员自觉自愿地贡献高水平努力并具有统一的整体性目标；另一方面，血亲关系的特殊性和排他性则使得外来人力资本的融入受到限制。故需找到一种能够继承血亲关系生成信任之能力，使得整个家族企业和谐而统一，且超越血亲关系的局限性，具有普遍性和包容性的治理机制，以支持家族企业扬长避短地持续成长与发展。中国本土的智慧就在于，我们的文化正是善于去创造关系的，即我们的关系来源并不局限于血亲关系等先天因素，而关系得以普遍建立的前提则恰恰是对方是有道德的。故道德作为信任的另一更具普遍性且最具包容性的最直接来源，可以取代血亲关系对于信任的作用。道德作为家文化的泛化，在家族企业具有深厚的文化根基——家族企业无须摒弃也无法摒弃家文化，而只需对其进行去芜存菁的改良，变原有的家族道德为企业道德，实现由“家族本位”到“企业本位”的理念更新。这说明了道德对于家族企业突破差序格局具有得天独厚之优势。

四、道德对于正式契约的补充与超越

道德促进委托代理双方的协调与信任，其超越正式契约，作为一种特殊的家族企业隐性治理机制，是现行显性治理机制效率发挥之基础，亦是对现有治理机制的有效补充，是解决家族企业治理X效率问题的基本路径。家文化中的道德要素能够得以保留并延伸为更具普遍意义、非血亲关系的组织道德文化，从而使道德以一种更具普适性的形式塑造道德关系，为家族企业提供更为广泛的关系信任基础以服务家族企业的发展。道德关系是个体相互之间的良性互动关系，故道德的践行并不应在某一方个体的责任和义务上有所偏颇，所有者与经营者之间的道德关系的建立同样对双方都提出了具有不同内容的规范和要求。具体而言，所有者的道德以摒弃家族主义、个人权威和任人唯亲并不指使经营者从事不道德的商业活动为内容；经营者的道德则以具有高尚的职业追求、不进行败德行为、努力提高自身管理水平、充分发挥管理能力、以公司的持续发展为目标和摒弃短期自利行为为基本内涵。

现有的治理机制注重利益相关者之间的相互制衡，而道德通过所有者与经营者之间的关系协调以柔和的方式来达到家族企业治理的和谐与有效。在道德的作用下，所有者与经营者自觉自发地进行着以信任与协同为内容的礼物交换，两者之间的矛盾得以缓和，两者之间的关系亦得以超越以市场交易与物质交换为内容的正式契约关系，使代理人产生以自主性为基础的归属感，使委托者在低监督成本下实现家族的泛化、企业的成长与资本的升值，两者的利益点和目标更趋于一致，从而在合作互利、“人为为人”的良性高效互动中获得双方利益的融合与双赢。这从根本上使得家族企业治理X非效率问题得到较好的解决。

参考文献

[1]［美］罗杰·弗朗茨．X效率：理论、论据和应用［M］．费方域，等，译．上海：上海译文出版社，1993：2.

[2] Leibenstein H. Allocative Efficiency vs. “X - efficiency” [J]. The American E-

conomic Review. 1966, 56 (3): 392—415.

[3] 刘小怡. X效率一般理论 [M]. 湖北: 武汉出版社, 1998: 25.

[4] 黄再胜. 经理薪酬激励风险效应与风险治理研究述评 [J]. 外国经济与管理, 2012, 34 (5): 67—74.

[5] 杨忠芳, 彭泗清. 中国人人际信任的概念化: 一个人际关系的观点 [J]. 社会学研究, 1999 (2).

[6] 汪新艳. 中国员工组织公平感结构和现状的实证解析 [J]. 管理评论, 2009, 21 (9): 39—47.

[7] 何轩, 陈文婷, 李新春. 赋予股权还是泛家族化——家族企业职业经理人治理的实证研究 [J]. 中国工业经济, 2008 (5): 109—119.

[8] 梁漱溟. 中国文化要义 [M]. 上海: 上海人民出版社, 2005: 5.

[9] [美] 乔治·阿克洛夫. 劳动合同作为部分程度的礼物交换 [M] //路易斯·普特曼, 兰德尔·克罗茨纳. 企业的经济性质 (中译本). 上海: 上海财经大学出版社, 2000: 254—265.

[10] Akerlof G, Yellen J. Efficiency Wage Models of the Labor Market. Orlando, Fla.: Academic Press, 1986: 708.

[11] [美] 哈维·莱宾斯坦. 看不见的手中的囚徒两难 [M] //路易斯·普特曼, 兰德尔·克罗茨纳. 企业的经济性质 (中译本). 上海: 上海财经大学出版社, 2000: 245—252.

[12] 费孝通. 乡土中国 [M]. 北京: 北京出版社, 2004: 29—40.

[13] 厉以宁. 超越市场、超越政府: 论道德力量在经济中的作用 [M]. 北京: 经济科学出版社, 1994: 80—81.

第六章　企业组织本质与企业最优边界

一、突破专业化分工和市场交换的概念范畴

公元1500年以来，一种叫作企业的组织登上了历史舞台。企业组织的产生是一个里程碑式的事件，它以持续不断地远远高出其他任何组织的创新活力和能量，促进了包括生产、开发等一系列能满足人类发展的一切可能的过程，并不断地创造着新的生产技术和组织制度。企业组织给人类提供了一个非常有效的施展身手的广阔天地，在人类的无穷潜力的开发过程中，一枝独秀，大展宏图。五百多年后的今天，企业凭借其无穷活力和生机俨然已成了世界的主流型组织，任何人都不能忽视企业为我们所作出的巨大贡献。然而，在关于企业组织产生的原因及本质方面，在关于企业组织边界和结构方面，我们却一再地陷入困境之中。在新古典学派中，企业是事先假定存在的，企业结构被“黑匣子”化了，被抽象成了一种生产函数，而人则只是被看作一种生产资料，被手段化了。由罗纳德·科斯所开创的新制度经济学给人以耳目一新的感觉，但其理论同样是不成熟的。他们只是从专业化分工和市场交换两方面对企业组织理论进行探讨，人同样被手段化了；他们超越新古典学派的唯一一点就是提出了企业产生原因、企业组织结构和边界等一系列问题。在哲学家康德①那里，人既是手段，

---

① 康德（Immanuel kant，1724—1804）：德国哲学家、德国古典哲学的第一个重要代表，其批判哲学对后世哲学的影响巨大，一生在东普鲁士城市哥尼斯堡度过。他的主要著作有《纯粹理性批判》《实践理性批判》和《判断力批判》等。

又是目的。在辩证唯物主义和历史唯物主义原理中，“目的和工具的关系是人的价值中的基本关系；就人类整体而言，人的活动是为了满足人的需要，而人的需要也只能靠人自己的活动去实现；人既是目的又是实现自己目的的手段。”① 在这里我们想说的是，如果只是从专业化分工和市场交换的角度，也即只从把人当作一种生产手段的角度来探讨企业组织问题，那么这些问题将永远会是问题。我们试图突破专业化分工和市场交换的概念范畴，从人是目的和手段的统一体的角度，对企业组织的本质问题提供一种新的解释思路，以期为企业组织理论的大厦添砖加瓦。

二、理论前提

1. 人和组织均是一种开放系统

系统论的主要创立者美籍奥地利生物学家贝塔朗菲，于1945年发表了《关于一般系统论》的论文，宣告了这门新学科的诞生。经过几十年的发展和完善，系统论不仅在技术科学、自然科学和社会科学等领域结出了累累硕果，而且给人类带来了新的思想观念，并引起了思维方式的巨大变化。本章主要采用贝塔朗菲三大贡献之一的开放系统理论中的一些观点来对企业组织问题进行探讨。贝塔朗菲认为，“一切有机体之所以处于其活的生命运动状态，是由于系统与外界环境处于动态的相互作用之中；系统与外界环境不断地进行着物质、能量和信息的交换，这就是所谓的开放系统。”② 根据热力学第二定律，在孤立系统中，热力学过程是朝着熵增加的方向进行的；也就是说，在孤立系统中，系统的总熵不断增加而达到最大值。与此不同，在开放系统中，系统可以从外界环境不断引入负熵流，即吃进物质、能量和信息，以抵消系统内部的熵增加。在本章中，自然社会环境是一种宏观上的开放系统，组织是一种中观上的开放系统，而人则是一种微观上的开放系统。这样，根据以上一般开放系统论的观点，微观人

① 李秀林等. 辩证唯物主义和历史唯物主义［M］. 北京：中国人民大学出版社，1995.

② ［美］路德维希·冯·贝塔朗菲. 一般系统论［M］. 秋同，袁嘉新，译，王宏昌，校. 北京：社会科学文献出版社，1987.

和中观组织都必须从外界环境吸取物质、能量和信息以对抗自己本身的熵增长。

2. 人和人、人和组织以及组织与组织之间通过信息场发生作用

在经典力学中，场仅仅是描述粒子的相互作用这一物理现象的一种方法。粒子与粒子之间的相互作用可以用“力场”的概念来描述，就是说，我们不说一个粒子作用于另一个粒子，而说粒子在它自己周围建立起了场，在这个场内的任何其他粒子都受一定力的作用[①]。我们发展以上“力场”的概念，提出“信息场”这个概念，即认为个人或组织均在它自己周围建立了一个信息场，并且通过信息场，人和人、人和组织以及组织和组织之间发生作用。信息是当代使用频率很高的一个概念，到目前为止，围绕信息定义所出现的流行说法不下百种。但信息本质上是一种物与物相互作用关系的表现形式，它分为两个层次：第一个层次表现为人与自然的相互作用关系，即人对自然环境的认识和这种认识对人本身的塑造；第二个层次表现为人与人的相互作用关系，即人对人的认识和这种认识对人的塑造。这两个层次相辅相成，是一个完整的统一体。

3. “信息势增长原理”的提出

在自然社会环境中，由于人或组织所拥有的信息量各不相同，呈现出梯形分布结构；这样，在这个梯形分布结构中，每个人或组织都具有了自己的信息势。我们知道，在热力学中，热力学过程是一个热力学势逐渐变小的过程，其方向由高态势指向低态势。例如，冷热物体之间的热传递过程就是这样一个温度势逐渐变小的过程。但本章中的信息势却与此截然不同，其最大的特点就是：随着信息转移过程的进行，系统的信息势不是在减少，而是在不断增大。这样，本章提出一个同热力学中“熵增原理”[②]有同样逻辑的“信息势增长原理”，也可称为一种广义的“熵增原理”。

---

① ［俄］朗道·栗弗席兹．场论［M］．任朗，袁炳南，译．北京：人民出版社，1959：8.

② “熵增原理”：也即热力学第二定理，最早由物理学家克劳修斯（1850 年）和开耳芬（1851 年）提出来。其通俗的说法是“孤立系统的熵永远不会减少”。

"信息势增长原理"可以表述为：一个开放系统的信息势永远不会减少。另外，由于信息具有几何级数增殖特性，这样，个人或组织的信息势的增长速度会越来越快。

4. 信息控制和操纵能量的转移和变换

根据爱因斯坦的质能方程式，能量是物质的本质，物质是能量的表现形式。因此，在这里只借用"能量"这个本质性的概念。在这里给能量下的定义为：能量涵盖两个方面，一个是物质方面，即物质能量，它属于物理学范畴，表现为各种有形的物质资源；另一个是精神方面，即精神能量，属于心理学范畴，表现为各种无形的精神资源。这样，本章给自然社会环境的人和组织都定义了一个能量疆域。从这个能量疆域中，个人或组织吸收能量以对抗自己本身熵的增长。

现在我们来探讨能量和信息的关系。我们知道，在热力学中，熵与能量是成比例的；公式 $\Delta S = \Delta Q / T$ 就很好地说明了这一关系（其中 ΔS 表示系统熵的变化，ΔQ 表示系统能量的变化；T 表示系统的温度）。而对于开放系统信息的传递来说，输入的信息与输入的能量之间却不存在这种比例关系，这是因为传递信息的极其微小的能量能控制和操纵极其大量的能量。这方面的例子很多，如遥控器的运作就是以极小的能量去操作和控制很大的乃至极大的能量。物理学中的"麦克斯韦妖"问题的实质也就是用信息去控制和操纵能量的转移和变换。1948 年，维纳在《控制论》一书中指出，"麦克斯韦妖"在动作之前，必须收到有关前来的粒子的速度和位置信息。因此，我们在这里将能量和信息放到不同的层次上进行讨论，即认为：能量的传递和变换需要信息的操纵和控制，而信息传递本身需要的能量是极其微小的。

三、组织是如何产生的

1. "全面发展人"人性假设的提出

人性假设贯穿于所有的经济或管理理论之中，是这些理论最核心的基础。一般来说，人性假设主要经历了从“经济人”到“社会人”再到“复杂人”的演变过程。但我们认为，这些人性假设对人本质的界定均没有跳出人本身这个概念范畴，故都是有其历史局限性的。就拿“最高级”的“复杂人”人性假设来说，其最大优点似乎是把人性概括全了，但它最大的优点也是其最大的缺点，因为，反过来说，关于人性，我们可以认为它其实什么也没有说。没有跳出人本身来探讨人性的问题，造成了我们对于人的本质问题探讨的困境。上文中，我们说到，人是一个开放系统，他必须从外界环境中吸入能量来对抗自己本身熵的增长以维持其生存；而这个能量包含物质能量和精神能量两部分，且能量的传输需要信息的操纵和控制；最后得出个人信息势增长来对抗其本身熵增长的结论，并提出了“个人信息势增长原理”。这样，我们根据这一原理，提出“全面发展人”的人性假设，认为人本质上只是一个过程，一个信息势增长的过程，一个全面发展的过程。

2. 关于组织产生模型的几个主要假设

理论的创新都不是从零开始的，它必须建立在一系列假设或猜想之上。卡尔·波普尔①认为：“一种不能用任何想象得到的事件反驳掉的理论是不科学的；不可反驳性不是一个理论的长处，而是它的短处。”② 这样，组织产生问题研究也逃不脱这个困境，它是建立在以下一系列假设基础之上的：

假设一：开放系统的信息势永远不会变小；

假设二：开放系统信息势的增长速度会越来越快；

假设三：自然社会环境中的人处于原初状态时，各自的能量疆域处于即将渗透或重叠的临界点；

---

① 卡尔·波普尔：1902年7月28日出生在奥地利首都维也纳的一个犹太人的家庭里；他是当代西方最著名的科学哲学家和社会哲学家；他的批判理性主义哲学在各国哲学界、自然科学界和社会科学界受到广泛注意，并引起了热烈讨论。

② ［英］卡尔·波普尔. 猜想与反驳［M］. 周昌忠，等，译. 上海：上海译文出版社，2001：10.

假设四：在某一具体的较短时间段内的某一具体的空间中的潜在总能量为一个恒量，而这个恒量也即是个人所能获得潜在能量的最大值；

假设五：在某一具体的较短时间段内的某一具体的空间中，自然社会环境中人的数量为一个恒量；

假设六：组织在本质上是由人组成的；

假设七：人是全面发展的人，人不仅是手段也是目的，是手段和目的的统一体；

假设八：信息操纵和控制能量的转移，而信息传递本身所需要的能量极其微小；

假设九：人和人通过信息场发生作用。

3. 组织产生模型的构建

我们先设个人的信息势为 $U=F(T)$；

根据假设三，设临界点的时刻为 $T=0$，则有函数 U 的定义域为：

$$0 \leqslant T < +\infty;$$

根据假设一，有 $dU/dT=F'(T) \geqslant 0$；

根据假设二，有 $d^2U/dT^2=F''(T) \geqslant 0$；

这样，得函数 $U=F(T)$（$0 \leqslant T < +\infty$ =的函数图像如图 6.1 所示。

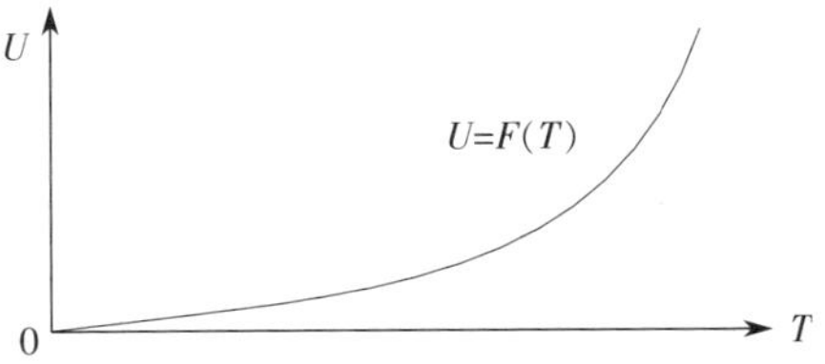

图 6.1　函数关系图

根据假设四，设当 $T=0$ 时的总能量为 E_0，则 E_0 为一个恒量 A，也即是个人在原初状态下，从某一具体的较短时间段内的某一具体的空间中所能获得能量的最大值；

设个体或组织在某一特定的时刻从自己的能量疆域中获得的有效能量为 $E_{有效}$，这样，根据假设八，E 有效为信息势 U 的函数，它随着 U 的变化而变化，得：

$$E_{有效}=G(U)\cdot E_0=G(U)\cdot A;$$

根据假设三，个人的能量疆域从临界时间值 $T=0$ 开始，处于一个无限地扩展过程之中；这样，个人或组织的能量疆域就会发生渗透或重叠的情况；我们在这里定义此渗透或重叠的程度为竞争度，用参数 a 表示。

我们先假设存在一个只存在两人情况的模型：

设此时两人的竞争度为参数 $\hat{a}$；

分析可知，竞争度 $\hat{a}$ 为时间 T 的函数；

这样，设 $\hat{a}=H(T)$，其中 $1\leqslant\hat{a}\leqslant 2$，$0\leqslant T<+\infty$；

当 $\hat{a}=1$ 时，此两人的能量疆域处于即将渗透或重叠的临界时刻 $T=0$ 时的状态；

当 $\hat{a}=2$ 时，此两人的能量疆域处于完全渗透或重叠的状态。

下面根据此模型来讨论存在多人情况的模型。

分析可知，存在多人情况时，其竞争度 a 也为时间 T 的函数；

这样，设 $a=R(T)$，其中 $0\leqslant T<+\infty$；

根据假设五，设这个人数恒量为 B，则有 $1\leqslant a\leqslant B$；

同上面二人模型一样：

当 $a=1$ 时，此多人的能量疆域处于即将渗透或重叠的临界时刻 $T=0$ 时的状态；

当 $a=B$ 时，此多人的能量疆域处于完全渗透或重叠的状态；

这样，根据假设四，我们得到个人随着竞争度的增大而能分到的能量为：$E_1=E_0/a=A/R(T)$ 其中 $0\leqslant T<+\infty$；

由于 E_1 是关于时间 T 的减函数，而 $E_{有效}$ 是关于时间 T 的增函数，我们可以在平面直角坐标系中近似地画出函数 $E_{有效}$ 和 E_1 的图形。如图 6.2 所示。

从图 6.2 我们可以发现此两函数的图形曲线相交于 C 点，并且此时 C 点所对应的时间值为 T_0，这个 T_0 值也即为方程 $E_1=E$ 的有效解。

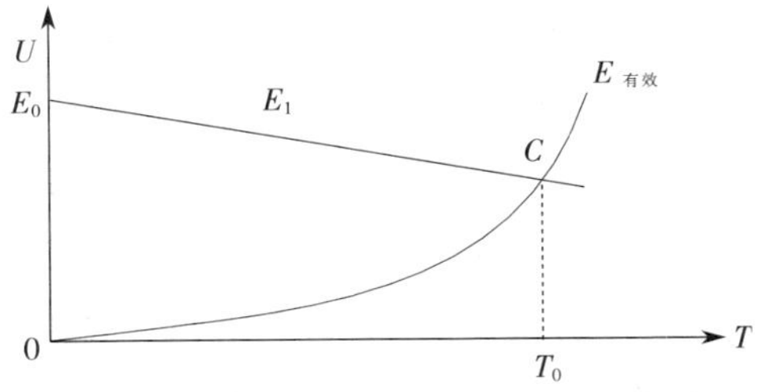

图 6.2　函数关系图

分析可知，在时间 T_0 点，个人所能获得的潜在能量的最大值与个人从自己能量疆域中获得的有效能量值相等；此时，个人与自然环境相互关系所具有的信息势已增长到最大值。但是，根据假设一，我们知道个人必须要增长自己的信息势以维持自己的生存和发展；所以，从这一时间点 T_0 起，个人进入了信息势增长的另一个阶段，即进入了一个人与人发生关系从而继续增长自己信息势的阶段；而这种至少两个人相互关系的产生就标志着最初的组织诞生了。当然，人类越过时间点 T_0 后的一个较短时期内（从宏观上看），第一批组织大量产生，自然社会环境中的总能量值也有了一个巨大的飞跃，人类社会进入一个新的发展阶段。

四、组织的本质是什么

基于以上关于一般性组织产生原因的探讨，我们得出的结论是：组织产生的原因是个人信息势的必然增长。那么，现在出现了一个新问题：若已产生组织中的个人信息势由于内外部原因不能再增长时，情况会怎么样呢？答案很明显，由于“信息势增长原理”具有不可抗拒性，组织将发生以下两种变化：组织本身作为一个整体的变化和组织中人的变化。前一种变化是指组织本身为了增长自己的信息势而与别的组织发生关系；后一种变化是指人为了增长自己的信息势而脱离组织进入新的组织之中。当然，这里所指的这两种变化是非线性交叉进行的，没有绝对的区分界限；他们在本质上是同一的，即都是为了增长自己信息势的目的。这样，我们可以说，为了增长自己的信息势，个人的组织现象和组织的组织现象在本质上只是一个动态的过程。组织本质上是一个过程的结论是本章对组织共性探讨的结果。500年前产生的企业组织是一种特性组织，它当然也具有其作为组织的共性，即企业组织在本质上也只是一个过程。尽管我们难以给企业组织产生的特性原因提供一个答案，但在这里提出了一种新思路，即认为企业组织产生并能成为目前社会中主流组织的原因是：相对其他组织类型来说，企业组织能更好地为人类提供一个增长自身信息势的场所，也即企业组织中的人能更好地运用人本身这个手段去实现人的目的，使其成为一个全面发展的人。

五、企业组织存在最优结构吗

在企业组织理论中，组织结构问题是一个重要的概念，因此对企业组织结构问题的研究是企业组织理论研究中的一个核心领域。我们一般对企业结构是这样定义的：企业的结构是指企业在特定的目标下，对实现目标所必需的活动加以分工和协调而呈现出来的某种格局或形式①。在我们的现实生活中，企业组织结构模式呈现出了多样性，主要有以下几种常见的类型：在单一组织中所呈现出来的科层等级制、分权事业部制和团队制以及组织与组织发生关系所产生的企业集团、企业战略联盟、企业集群和虚拟组织等结构模式。一般来说，在以上这个企业组织结构的定义中，特定的目标主要是指利润目标。但在这里，我们认为用利润目标来代替企业目标是不全面的，应被修正。企业除了有利润这个外在目标外，还应该有更重要的内在目标，即企业中人的全面发展目标。

关于组织结构问题，美国管理大师彼得·杜拉克说过这样一句话："从一开始，对组织的研究一直都基于一个假设：有或者应该有一种正确的组织结构。过去，许多组织形态都曾经被认为是'正确的组织'，但是对正确组织形态的搜寻却一直持续到今天。"② 可见，杜拉克大师是早已预见组织结构呈现出多样性之必然结果的。人类的理性提出了"企业组织结构"这个概念，它也就必然会引领我们去追求所谓最优的组织结构模式，

---

① 林金忠．企业组织的经济学分析［M］．北京：商务印书馆，2004．

② ［美］杜拉克．21世纪的管理挑战［M］．刘毓玲，译．北京：生活·读书·新知三联书店，2003：1．

所以，我们也就一直作为“纯粹理性”的奴隶而进行着无休止的争论。这样，和前面一样，我们从宏观上取消了“企业组织结构”这个概念。企业组织本质上只是一个过程，企业组织本身和企业组织中的人为了增长自己的信息势均处于一种非线性自适应的自组织过程之中。以下，我们将从组织结构现象层次的角度对组织结构的多样性问题提供一种新的解释。

我们认为，企业组织中个人的唯一目标就是增长自己的信息势。在最初出现的科层等级结构模式中，权力集中程度较高，个人的限制较多。并且由于历史的局限性，个人的信息势基数很小，这样，个人的信息势增长也就很慢，于是组织呈现出了一定的层级结构。分权事业部制结构模式以企业总部与中层管理者之间的分权为特征；而实行分权体制的关键是把企业划分成若干相对独立的事业部，使其成为相对独立核算、自负盈亏的利润中心。在分权事业部制结构模式中，事业部可以看成是组织中的“组织”，它本身也是等级制结构，只是由于企业进行了一定程度的分权，个人的发展空间相对较大，个人的信息势也增长较快，因此比单纯的科层等级制具有了更大的适应性，组织结构现象已有了一定的淡化。团队制结构的主要特征是打破部门分界线，并把决策权力下放到工作团队成员手中。这样，在团队制组织结构模式中，组织权力有了较大的分散性，这就为组织员工提供了一个较好的施展身手的舞台，组织员工信息势增长速度也较快，组织结构已不是很明显了。同样，企业组织唯一的目标也是增长自己的信息势。企业集团、企业战略联盟、企业集群和虚拟组织等结构模式的出现，就是其增长信息势的结果。在企业集团、企业战略联盟、企业集群中，各组织信息势的增长相对是较慢的，因此还呈现出一定的结构。而虚拟组织由于是组织核心能力的聚集，各组织的信息势增长是相对较快的，因此我们是很难看到虚拟组织所呈现出一定组织结构的。以上，我们用“信息势增长原理”对现实世界中所出现的主要组织结构模式进行了简单的解释，也再一次论证了企业组织的过程本质。

六、关于企业组织本质的几点结论

两千多年前，古希腊前苏格拉底哲学家赫拉克利特①就提出了“过程论”的思想，“万物皆流，无物常驻”就是对这一思想的最好概括。基于“全面发展人”人性假设视角，我们对企业组织本质问题进行了再思考，其结论是：

1. 我们以前关于企业组织问题的探讨均没有跳出专业化分工和市场交换的概念范畴，人均被手段化了，这造成了传统的人性假设均具有一定的历史局限性，也使得我们关于企业组织问题的探讨陷入了无穷的困境之中。

2. 本章借用一些自然科学中的理论成果，通过一定的归纳和整理，提出了一个“信息势增长原理”的理论假设前提。

3. 根据“个人信息势增长原理”的理论假设前提，提出了“全面发展人”的人性假设，即认为人本质上只是一个过程，一个信息势增长的过程，一个全面发展的过程。

4. 我们人类的理性为我们自己设置了“圈套”，而我们也一直生活在这个“圈套”之中。据此，我们认为，所谓的企业组织问题同样都只是一个个的“圈套”而已，而“全面发展人”的人性假设是打破这一理性“圈套”的更好的“人性假设”。

5. 基于“全面发展人”的人性假设，本研究突破了专业化分工和市场交换的概念范畴，把人看成一个目的和手段的统一体，构建了一个一般性组织产生的简单模型，并最终得出了组织本质上只是一个过程的结论。

6. 我们认为，企业组织是人类发展历史上的一种特殊组织，和一般性组织一样，其在本质上也只是一个过程。这样，所谓的企业组织产生、结构和边界问题也就不被称之为问题了。在某一具体的较短时间段内的某一具体的空间中，人类为了增长自己的信息势，为了发展自己，而发生了

---

① 赫拉克利特（公元前544—公元前484年）：古希腊前苏格拉底哲学家，出身于爱非斯的贵族家庭。他认为，火是世界万物运动变化的基础，万物从火变化而来，又复归于火，整个世界就是火按照一定规律燃烧和熄灭的无限度变化的过程；而他的“万物皆流，无物常驻”的命题正是这一思想的集中体现。

自组织现象。这种现象的发生是非线性和自适应的，而企业组织现象就是这种现象中特殊的一种。

7. 最后，根据康德的“理性二律背反”，运用“全面发展人”这个新的人性假设基础，我们可以从宏观上取消“企业组织结构”这个概念。需要注意的是，本章是在一定程度上跳出理性的“圈套”后对企业组织问题进行阐述的，属于一种对企业组织问题在宏观思维和历史维度上的动态探讨。因此，虽然主张从宏观上取消“企业组织结构”概念，但并没有否认这个概念在一定历史阶段上出现的必然性。我们认为，在一定的历史阶段中，由于我们人类自己的局限性，企业组织有产生、有边界，并且也会呈现出一定的结构性，但我们在企业组织产生、边界和结构等问题的探讨中一定不要忽视其中人的问题。人是全面发展的人，不仅是手段，也是目的，是手段和目的的统一体；我们在研究这些问题时，如果离开了人的全面发展问题，其理论上的受困将是必然的。

七、企业组织最优边界之谜

企业组织的最优边界问题是一个让我们一再受困的问题，因为，以下两个问题我们一直没有弄清楚：一是企业规模的扩张或收缩是否与经济效率存在着某种对应关系，即到底是企业规模大有效率，还是企业规模小有效率；二是企业的边界到底在那里。这两个问题本质上是一个问题，即企业的最优边界问题。围绕这两个问题，前人的研究“仁者见仁，智者见智”，产生了很多有价值的结论。

1. 企业的效率边界论

关于企业边界问题，西方的一些管理学派虽然文字表述上没有涉及，但其实也是提供了一些观点的。我们在这里主要介绍提出官僚集权组织理论的马克斯·韦伯、开创系统学派的切斯特·巴纳德、开创决策理论学派的西蒙三位管理大师关于企业边界问题的观点。而其他诸如管理过程学派、行为科学学派等学派缺乏对企业本质问题的探讨，也就当然不会产生关于企业边界问题的观点了。在韦伯那里，企业组织本质上只是一种确定某种“管辖范围”的规则，而这种“管辖范围”只不过是对企业边界的另外一种表述而已，所以，决定企业边界的关键性因素就变成了规则。也就是说，按照韦伯的思路，企业是应该存在一个规则边界或者说是权利意志支配边界的。在巴纳德那里，由于受韦伯思想的影响，其企业组织的本质归结为人与人之间的相互协作关系，即认为企业组织本质上只是一种社会协作系统。同上面一样，这种社会协作系统也只不过是对企业边界的另外一种表述而已，所以，人与人之间的协作关系就成为决定企业边界的关键性因素了。也就是说，按照巴纳德的思路，企业是应该存在一个协作边界的。而在西蒙那里，由于其试图从决策过程去理解企业组织的本质，最终导致其将决策和企业组织画上等号的结果。这样，按照西蒙的思路，企业应该是存在一个决策边界的。其实以上这三种主要观点也是可以归类在一起的，因为，不管是规则边界、协作边界还是决策边界，其都要服务于一个共同的目的——企业的效率。也就是说，寻找更有效率的规则、更有效率的协作以及更有效率的决策是企业边界扩张的动力源。鉴于此，我们可以将这些观点统称为在企业边界问题研究中的效率边界论。

2. 古典及新古典经济学对企业组织边界的理解

在古典和新古典学派中，企业组织是事先假定存在的，它只是一种生产性的单位，把市场看作是实现协调的唯一手段，且假设市场容量无限大或市场是未饱和的；这样，企业边界问题的研究就局限于企业内部的技术因素上了。在亚当·斯密那里，专业化分工和资本积累是推动企业规模扩大的根本原因，也就是说，企业组织的边界是随着专业化分工程度以及资本积累水平的不同而变化的。在马克思主义政治经济学中，资本家追逐超额剩余价值（或利润）导致了企业规模的扩大（规模扩大到一定程度引起垄断），也就是说，决定企业边界的关键因素是资本本身，这与斯密的观点差不多，这与其理论的来源之一是古典政治经济学的事实是分不开的。在马歇尔那里，技术意义上的规模经济是推动企业规模扩大的根本原因；而企业的边界就存在于生产函数由规模经济转变为规模不经济的临界点上。可以说，马歇尔将决定企业边界的企业内部技术因素发挥到了极致。

当然，后来出现宏观经济学后，其所研究的问题几乎都在企业之外了，这是忽略对企业组织本质界定的问题后，主流经济学发展必然的结果。

3. 新制度经济学派对企业组织边界的理解

由科斯开创的新制度经济学派提出了关于企业组织的一系列问题，让人耳目一新。科斯及其和科斯同时代的许多专家学者，都对企业组织边界问题进行了一定的探讨。科斯在《企业的性质》中说道："企业的扩大必须达到这一点，即在企业内部组织一笔额外交易的成本等于在公开市场上完成这笔交易所需的成本，或者等于由另一个企业来组织这笔交易的成本。"① 也就是说，在科斯那里，交易成本是决定企业组织边界的关键因素。张五常对企业边界的理解同科斯差不多，所以造成其只能得出这样的结论——企业可以小到只是两个投入所有者之间的合约关系，或者如果允许合约的链条展开的话，也可以大到包括整个社会经济。② 威廉姆森关于企业边界的理解是对科斯理论的深化。在他那里，不确定性、交易频率和资产专用性是决定企业边界的三个关键因素。其实，这三个关键因素只是对科斯交易成本的一种扩展理解，因为其都涉及两类成本的比较，即市场交易成本同企业内的各种成本（如委托代理中的监督、激励和约束等管理成本）的比较。按照他的逻辑，纵向一体化进程会逐渐取代市场交易，也即企业的边界将逐渐扩大。在哈特那里，"当不同业务所涉及的专用性资产之间存在高度的互补关系时，企业间的兼并就成为产权配置效率的客观要求，而企业间兼并则导致了单个企业组织规模的扩大。"③ 也就是说，由专用性资产之间高度互补关系的存在所导致的企业兼并是决定企业边界的关键因素。

---

① ［美］罗纳德·哈里·科斯．企业、市场与法律［M］．盛洪，陈郁，译．上海：生活·读书·新知三联书店，1990.

② 张五常．经济解释：张五常经济论文选［M］．商务印书馆，2000.

③ 吴飞驰．企业的共生理论：我看见了看不见的手［M］．北京：人民出版社，2002.

4. 新兴古典经济学对企业组织边界的理解

杨小凯和黄有光都是新兴古典经济学的代表人。在他们那里，“如果经济个体之间的交易效率存有差异，交易费用的增加将同时减少市场的交易和企业形态的交易”。[①] 也就是说，交易费用的下降可以扩大市场的范围，同时也鼓励劳动的分工，并使企业扩张。杨小凯和黄有光也承认减少交易费用是推动企业边界扩张的动力源，但其和前面的新制度经济学里的观点是不同的，因为除此之外，他们还承认交易费用的降低同样可以推动市场的扩张。我们从历史中已经看到，市场交易和企业交易一直在同步扩张。可见杨小凯和黄有光的理论更符合现实情况些。

5. “不确定性”[②] 范畴中企业边界问题的研究

以奈特、阿罗、钱德勒等为代表的学者创立并发展了“不确定性”研究范畴，并在该研究范畴中对企业组织的边界问题进行了一定的探讨。在奈特那里，企业内部由管理和经济控制行为所实现的要素重新组合能够把不确定性转变为可以测度的风险，从而产生了一种减少不确定性的可能性，而正是这种可能性的存在，使得减少不确定性的目标诉求成了企业边界扩张的动力。在钱德勒那里，降低市场不确定性的是企业内管理和决策职能的专业化。在他的专著《看得见的手》中，他写道：“通过大量生产和大量分配的结合，一个单一的企业就能完成制造和销售一个产品系列所涉及的许多交易和作业程序。管理指导的有形的手已经取代了市场力量无形的手，而协调着从原料和半成品的供应者直到零售店和最终消费者的货物流动。这些活动和他们之间的交易的内部化降低了交易成本和信息成本。”[③] 这也就是说，在此时，管理协调将会比市场机制的协调变得更有效

---

① 吴飞驰. 企业的共生理论：我看见了看不见的手［M］. 北京：人民出版社，2002.

② 在奈特那里，不确定性分为可测度的不确定性和不可测度的不确定性，而可测度的不确定性即为风险，这里的不确定是指那种不可测度的不确定性。

③ ［美］小艾尔弗雷德·D. 钱德勒. 看得见的手——美国企业的管理革命［M］. 重武，译. 北京：商务印书馆，1987：9.

率，因此一些由市场调节的经济活动将逐渐转移到企业内部进行，这就造成了企业边界的扩张。在阿罗那里，企业产生的原因是由于信息不对称造成的不确定性条件下的“市场失灵”现象，而决定企业扩张的关键因素是信息的不可逆性，也就是说，如果一个企业扩张其边界，就可能更充分地利用原有的信息，以降低单位产品获取信息的成本。

6. 企业的能力边界论

企业能力起源于企业战略理论，是20世纪90年代才开始盛行起来的新兴企业理论。一般来说，现代企业能力理论经历了如下四个阶段：亚当·斯密的分工理论阶段、彭罗斯的企业内部成长理论阶段、沃纳菲尔特的企业资源基础论阶段以及由普拉哈拉德和哈默尔的当前比较盛行的企业核心能力论阶段。企业能力理论中企业能力是指企业内部所拥有的一组特定资源和特殊能力的结合体，认为一个运行良好的企业能够不断获得这种结合体，而这个结合体的存在正是企业能够获取竞争优势的源泉。企业能力理论都是从企业内部和内在发展出发来分析企业和市场的，这是他们的一个共同缺陷。通过以上我们对所谓企业能力理论的简单介绍，一个关于企业能力和企业边界相结合的思考方式，就呈现在我们面前了。笔者认为，由于企业能力的存在，必然会存在一个由企业能力所决定的企业边界，我们把它称之为“企业能力边界”。而我们知道，我们对企业能力概念的界定是难以统一的，这就使各种企业能力边界概念的“泛滥”成了一种必然，如由获取资源能力决定的企业边界、由企业家能力决定的企业边界、由经理人能力决定的企业边界、由创新能力决定的企业边界、由获取知识能力及知识创新能力决定的企业边界，等等。

7. 企业的技术边界论

不断缩短的技术生命周期和频繁的组织重构，已经使得理论界将更多的注意力放在技术对企业边界扩张的影响机制上了。钱德勒是把技术进步和企业边界扩张联系起来的学者之一，如在他的专著《看得见的手》中，他这样写道：“直到十九世纪四十年代为止，农民（美国）几乎完全依赖传统的工具。……在制造业中，一些简单的机器已经在很多工序上取代了工人，但这些机器赖以驱动的还是传统的能源。只要生产过程的动力仍然是人力、畜力、风力和水力，其产量就不至于大到需要在企业里设立低一级的小单位，或是需要一名支薪的经理来协调和监督这些小单位。在生产中也正如在分配中一样，现有的机构管理这些基本的过程是绰绰有余的。”① 随后他又以美国铁路部门的发展为例对这一问题进一步说明，认为由于技术上的原因，美国在1940年以前是不会出现大企业的。而又正是这个技术原因的存在，大型企业最初出现在铁路和通信等部门也是有其必然性的。因为，在美国，随着生产技术的不断进步，19世纪30年代以后，铁路得以迅速发展，铁路公司所需要的资本远远超过业主制、合伙制企业的能力，于是铁路只能采取股份制的大企业形式来经营。这就是说，新型的适合更大规模生产需要的现代企业制度的出现是由生产技术的进步决定的。钱德勒对该问题给出的另外一个证据是在其研究美国发展史时发现的。他发现，就工商企业来说，大企业在商业领域的出现相对要早于工业部门，他认为这也是由生产技术所决定的，原因是现代企业复杂技术的高门槛推迟了其扩张的步伐。从以上论述可见，技术一定程度上决定着企业边界，企业是存在一个技术边界的。当然，论述技术与企业边界之间存在一定联系的学者并不只有钱德勒一个，但由于本章只是为了简单地说明这一问题，其他学者的观点就不再罗列了。

八、企业组织存在最优边界吗

那么企业到底存不存在一个最优边界？如果存在的话，它应该在哪里或者说我们怎样才能找到它？为了回答这一问题，我们先对上面的各种观点进行一定的分析。

古典和新古典经济学中虽然论述到了企业边界问题，但充其量只是为企业的扩张找寻原因而已，至于边界或最优边界在哪里就无从论述了。所以，亚当·斯密不能找到企业存在最优边界所应该具有的分工和资本积累

---

① ［美］小艾尔弗雷德·D. 钱德勒. 看得见的手——美国企业的管理革命［M］. 重武，译. 北京：商务印书馆，1987：9.

程度，而马克思也不能证明垄断是否比竞争更有效率。马歇尔能够找到企业的最优边界点是因为他的理论是建立在企业只有内部性的假设基础上的，而外部聚集因素和外部范围经济等因素同样也能推动企业规模的扩大，这样，马歇尔的那个临界点是一个假想出来的投入产出边界，是不切实际的。新制度经济学派以交易成本为基石，其对企业边界的论述均没有跳出降低交易成本的范畴，这就不可避免地陷入了“契约主义”的泥潭，对最优边界的找寻也就无从下手了。例如，科斯自己就在他那篇《企业的性质》文章的注脚里提到，“当然，对于企业是否存在划出一条严格的界限是不可能的。”[①] 可见，科斯自己是没有搞清楚企业边界问题的，他只是认为企业组织存在一个边界，但他不能证实那条边界到底在哪里。而张五常自己就说过，企业可以小到两个人的合约关系，大到包括整个市场，这是对在交易成本范畴下寻找企业最优边界时陷入“契约主义”泥潭所表现出来的一种无奈。同样，威廉姆森也是不能找到企业在最优边界上存在的纵向一体化程度的，而哈特只是比威廉姆森前进了一步，提出了企业边界中的产权配置效率问题，他同样是找不到最优企业边界点的。新兴古典经济学派只是发起了对新制度经济学中的基础观点“企业能取代市场的原因在于能降低交易成本”的有力挑战，但并没有跳出用交易成本解释企业边界的范畴，对于最优边界的找寻同样是无功而返的。另外，“不确定性”的研究范畴下的企业边界论、企业效率边界论、企业能力边界论及企业技术边界论都和上面观点一样，只是论述了企业为什么要扩张其边界的原因，而对最优边界的寻找却没有负起应有的“责任”，我们在这里就不再赘述了。

当然，我们在这里并不是要批判这种“不负责任”，而是想把这个问题进一步说清楚。其实以上这些关于企业边界的观点是有很大价值的。比如，亚当·斯密让我们开始关注起了分工和资本积累过程；马歇尔让我们开始有了投入产出概念；科斯让我们不得不开始为交易成本而“烦恼”；“不确定性”让我们对企业自身以及所处的环境有了更深刻的认识；企业

---

① ［美］罗纳德·哈里·科斯. 企业、市场与法律［M］. 盛洪，陈郁，译. 上海：生活·读书·新知三联书店，1990.

效率边界论让我们对企业内引起效率变动的“规则—协调—决策”有了足够的重视；企业能力边界论使我们“穷尽了”提升企业能力的办法；而企业技术边界论则让我们不得不面对选择技术切入点以及提升技术的问题。

可以说，关于企业组织边界问题的探讨还有很多，但几乎所有这些探讨都会受困于此。那么，原因何在呢？其实，他们的受困是必然的，因为在这个世界上存在着如哲学家康德所说的“理性二律背反”。康德的“理性二律背反”是这样表述的：“理性在有关世界整体的问题上总是提出两个互相冲突而得不到经验证实或证伪的命题，并为此争论不休。”① 既然我们提出了“企业边界”这个理性概念，我们就会去找寻那个所谓的“最优边界”，所以我们就一直处于这个“寻找最优边界”的陷阱之中。于是，这里就存在了一个“实体”和“概念”的问题了。也就是说，虽然在概念层次上存在一个所谓的企业组织最优边界问题，但实体层次上的最优边界问题其实是不存在的。前人由于从“企业组织边界”概念提供的框架出发，使其难以摆脱寻找最优企业边界的陷阱，同时也就充分暴露出了他们研究观点的局限性，即不能给企业组织边界问题提供一个较为彻底的结论，基本是陷入了“公说公有理，婆说婆有理”的状况之中。

我们认为，企业并不存在一个最优的组织边界，解决企业组织边界问题的唯一出路就是取消“企业组织边界”这个概念。现代社会非常强调人的全面发展，我们可以称之为“全面发展人”的人性假设。“全面发展人”人性假设中的人不以企业组织的存在为前提，其内涵就是要使人回归主体性地位，成为手段和目的的统一体。于是，以该人性假设为基础，我们认为，企业组织本质上只是企业中的人的全面发展过程，而企业组织中的人为了增长自己的信息势，为了发展自己，呈现出一种非线性自适应的自组织现象。换句话来说，企业中的人处于一种永恒的“运动”状态之中，他们甚至“跳槽”进入能更好地发展自己的另外一家企业之中，或者干脆从企业组织中跳出来，进行自主创业活动。可见，在概念上硬性规定一个企业组织边界或寻求最优企业组织边界都是不可取的，或者根本是行不通

---

① 杨祖陶，邓晓芒．康德三大批判精粹［M］．北京：人民出版社，2001：12.

的。另外，需要加以说明的是，我们研究的目的并不在于取消“企业组织边界”概念本身，而在于提供了一种不断打破企业组织固有边界的新思维，使得我们在以后的企业实践活动或理论研究中能将人的全面发展问题摆在更加重要的位置上，能将企业发展对环境的适应性摆在最重要的位置上。

参考文献

[1] 李秀林等. 辩证唯物主义和历史唯物主义 [M]. 北京：中国人民大学出版社，1995.

[2] [美] 路德维希·冯·贝塔朗菲. 一般系统论 [M]. 秋同，袁嘉新，译，王宏昌，校. 北京：社会科学文献出版社，1987.

[3] [俄] 朗道·栗弗席兹. 场论 [M]. 任朗，袁炳南，译. 北京：人民出版社，1959：8.

[4] [英] 卡尔·波普尔. 猜想与反驳 [M]. 周昌忠，等，译. 上海：上海译文出版社，2001：10.

[5] [美] 罗纳德·哈里·科斯 [C]. 企业、市场与法律 [M]. 盛洪，陈郁，译. 上海：生活·读书·新知三联书店，1990.

[6] 吴飞驰. 企业的共生理论：我看见了看不见的手 [M]. 北京：人民出版社，2002：10.

[7] [英] 亚当·斯密. 国民财富的性质和原因的研究（上卷） [M]. 郭大力，王亚南，译. 北京：商务印书馆，1972.

[8] 林金忠. 企业组织的经济学分析 [M]. 北京：商务印书馆，2004.

[9] [美] 杜拉克. 21 世纪的管理挑战 [M]. 刘毓玲，译. 北京：生活·读书·新知三联书店，2003：1.

[10] [美] 斯蒂芬·P. 罗宾斯. 组织行为学精要 [M]. 吴培冠，译. 北京：机械工业出版社，2000：1.

[11] 张五常. 经济解释：张五常经济论文选 [M]. 商务印书馆，2000.

[12] [美] 小艾尔弗雷德·D. 钱德勒. 看得见的手——美国企业的管理革命 [M]. 重武，译. 北京：商务印书馆，1987：9.

第七章　企业管理和公司治理的辨析与变革

一、企业管理内涵辨析

1. 企业管理的本质：从企业契约理论的视角

（1）交易成本理论：比市场交易成本低的交易方式。1937 年科斯发表的《企业的性质》标志着企业契约理论的开始。科斯认为，企业和市场都是资源配置的手段，市场的资源配置由价格来调节，在市场价格机制中，借用交易费用概念可以断定市场交易是存在成本的。而企业内部的交易更多地依赖于一种权威关系，交易主体之间以层级制的权威关系为基础，将大量市场交易纳入企业内部，能大量减少交易数量，从而减少交易费用。二者之间的选择依赖于市场的交易成本与企业内部科层组织的管理成本之间的平衡关系。因此可以说，企业内的交易关系是一种管理活动，而市场中的交易关系则是交易主体之间平等的讨价还价关系，之所以会存在企业，是因为“企业管理”这种交易方式的交易成本比市场交易成本低。[①]

（2）资产专用性理论：资产专用时能替代市场交易行为。威廉姆森等用资产专用性理论来解读企业本质问题，认为企业之所以出现，因为当合

---

① ［美］罗纳德·哈里·科斯. 企业的性质［M］//盛洪. 现代制度经济学. 北京：北京大学出版社，2003.

约不完全时，纵向一体化能够消除或至少减少资产专用性所产生的机会主义问题。当资产只在专门的地方使用才能获得最大价值时，投资方的权利就会弱化，如果在遭遇垄断会出现将租金占为己有的情况下，会导致交易费用的增加，现有的货币市场无法处理这种问题；但在纵向一体化的结构中，权威关系能够抑制这种机会主义。所以资产专用时，纵向一体化中的企业管理行为能够替代市场交易行为。

（3）团队生产理论：监督者与成员之间平等交易行为。阿尔钦和德姆塞茨等人 1972 年提出的团队生产理论关注企业内部结构。团队生产指的是生产成果是多种生产要素的投入，并且是不同的人一起努力协作的结果。他们认为企业的实质是团队生产。其特点是：① 多项投入在一起合作生产得出的产出要大于各项投入在分别生产的产出之和，即实现 1 + 1 > 2；② 团队生产的有效运行需要监督者；③ 每个成员的贡献都无法准确度量。所以团队就会出现“搭便车”偷懒行为，为了抑制这种行为需要监督者，并且需要给予监督者剩余索取权以提高其积极性。当然，前提是团队合作的总产出大于各自生产产出之和，且差额足以补偿监督带来的成本。组织内部的各主体之间都是基于平等的契约关系而联合在一起，形成团队生产，监督者和被监督的团队成员之间基于组织管理原则而形成组织结构安排，并各自发挥作用。

从企业契约理论视角看待企业管理的本质，可见：① 企业管理行为区别于市场交易行为，在某种情况下可以替代市场交易行为进行资源的配置；② 具有资本所有权的人能够对具有劳动使用权的人进行管理和监督；③ 企业管理行为是一种提高生产效率，降低成本的方法。据此，我们可以把企业管理的本质解释为：企业管理是在一定的产权结构下企业内部要素所有者之间的责权利关系，是企业内部通过科层组织的权威关系对资源的一种配置方式，是对企业生产经营活动所进行的计划、组织、监督、激励和控制。

2. 管理的思想：从古典方法的视角

现代管理方法始于泰勒。1911 年“科学管理之父”泰勒出版《科学管理原理》，认为当时雇主和工人都忽略了生产率这一问题，以及工人和岗位之间的匹配问题，只关心合理分配企业的盈余。所以他提出四项科学管理原理：① 对每个工人的工作因素进行科学研究，取代传统的经验方法；② 科学地选拔工人，并对他们进行训练、教导和培养；③ 与工人一起工作以确保所有的工作严格按照设计好的科学原理进行；④ 将工作和责任尽可能平均地委派给管理者和工人，管理者做所有相较于工人而言更适合他们做的工作。①

亨利·法约尔 1916 年出版《工业管理和一般管理》，认为管理活动包括五项职能：计划、组织、指挥、协调、控制。同时他提出了 14 项管理原则：劳动分工、职权、纪律、统一指挥、统一领导、个人利益服从整体利益、报酬、集中、等级制度、秩序、公平、人员稳定、首创精神、团队精神。

韦伯在 20 世纪早期的著作中提出了权力结构理论和官僚行政组织的理想组织模式，这种组织的特点是：劳动分工、权力等级、正式选拔、正式规则与监管、客观、职业导向。这种理想的组织在现实中并不存在，但成为当今大型组织的结构设计基础。

管理的古典方法，反映了管理的活动职能、原则、基本结构以及目标。古典管理方法都是基于在分工管理的基础上提高效率，手工作坊时期人作为生产的工具，由社会财富的多少来决定人的地位，很多雇员带有“奴隶”性质，管理就是剥削劳动力来获得财富，雇员全靠体力。而随着现代科技的发展，云计算、大数据和人工智能等开始出现，人的思想更加解放，人的素质逐渐提高，企业管理的思想、职能、方式、组织结构等都发生了根本性改变。管理者与被管理者的关系发生了彻底的改变，管理者更加注重人的自主性和创新性，有知识有能力的人越来越受到器重；管理不再单纯是由上而下的任务安排式的管理方式，上下级之间的关系越来越模糊，沟通交流反馈愈加频繁便利，上下级协商式的管理方式出现。管理

① ［美］斯蒂芬·P. 罗宾斯，玛丽·库尔特. 管理学［M］. 孙健敏，译. 北京：人民出版社，2017：26.

在其表现形式上发生了巨大的变化。在这个变化过程中，公司治理理论及其实践应运而生。

二、公司治理概念的考证

“治理”一词早在中国春秋时期就有出现，诸子百家将其用于治国、理政、平天下抱负的抒发。儒家《孟子》有述“君施教以治理之”[①]，将德礼教化确立为最为基本的治理方式；道家则将“无为而治”“道法自然”作为治理的准则；法家宣扬“以法治国”“废私立公”的治理模式。“治理”有统治、管理之意。而在企业中“治理”概念可以从以下理论中去考证：

1932 年，伯利和米恩斯倡导所有权和经营权分离，企业所有者保留剩余索取权，而将经营权利让渡，委托代理理论应运而生。在当时对以股东为中心的思想发起了挑战，在西方经历了“经理革命”之后，“公司治理”才慢慢被人们所关注。直到 20 世纪 70 年代，委托代理理论才开始快速发展，它旨在研究解决具有契约关系的资产所有者（委托人）与管理者（代理人）在地位不平等、利益不平等和信息不对称的情况下目标和动机的冲突问题。在信息不对称时，代理人可能存在道德风险和逆向选择的问题，这也是公司治理的重点问题。1975 年威廉姆森提出了“治理结构”的概念。

1976 年詹森和麦克林发表的《企业理论：管理行为、代理成本与所有权结构》构建了委托代理理论分析公司治理问题的框架，引入了代理成本说，管理者不是资产所有者，存在利益不平等的情况，管理者不会总以股东利益最大化为目标。股东给予管理者一定的激励并对其监督和约束，管理者的某些情况也需要支付保证金。所以，代理成本就是监督费用、保证支付以及管理者的决策与股东利益最大化之间的偏差的总和。

股东中心理论认为，股东是企业的所有者，自己出资承担企业的剩余风险，应是企业剩余控制权和剩余索取权的拥有者。而利益相关者理论认

---

① 《孟子》。

为，对企业进行专项资金投入、承担了经营风险和对企业生产经营活动付出代价的相关者都享有企业的所有权。弗雷德里克（Frederick）将利益相关者分为直接利益相关者和间接利益相关者，前者是与企业直接发生市场交易关系的利益相关者，包括股东、企业员工、债权人、供应商等；后者则是与企业发生非市场关系的利益相关者，包括中央政府、地方政府、社会活动团体、媒体、一般公众等。付俊文认为对于不同的行业、某行业内企业的不同发展阶段，企业的利益相关者是不相同的或者说同样的群体或个人针对不同性质的企业或企业的不同发展阶段会归入不同类型的利益相关者。①

石莹认为治理公司是由于市场不完全，公司利益相关者通过公司外部某种机制对公司施加的约束和监督，目的就是防范公司利用信息不对称或内幕交易对利益相关者进行侵害，尤其是防止公司治理的主客体及所有者与经营者之间共谋损害利益相关者的行为。②

公司治理主要是为了解决委托者与代理者以及相关利益者之间的问题，达到公司利益最大化。黄少安认为所谓"公司治理"就是委托代理和信息不对称条件下公司的所有者（委托人）对经营者（代理人）的激励和约束。"公司治理结构"是激励和约束的制度安排。它使激励和约束手段和行为规则化、稳定化，使委托人和代理人对自己的责、权、利都明确且预期稳定。③ 这也是公司治理出现的原因所在。然后通过公司治理机制解决相关治理问题达到治理目标。郑志刚认为，所谓公司治理机制指的是公司的投资者或者利用法律以及公司章程等对投资者权益保护的规定，或者借助市场竞争的自发选择，或者在公司治理理论指导下通过人为地制度设计等来实现的公司控制和降低代理成本的各种机制和制度安排的总称。④总的来说公司治理是在一系列治理机制下对拥有控制权的股东和公司经理

---

① 付俊文，赵红. 利益相关者理论综述［J］. 首都经济贸易大学学报，2006（2）.

② 石莹，赵建. 企业管理、公司治理与治理公司的概念界定及其联系：制度经济学视角［J］. 理论学刊，2009（1）.

③ 黄少安. 中国转轨时期公司治理的特征分析［J］. 甘肃社会科学，2007（1）.

④ 郑志刚. 公司治理机制理论研究文献综述［J］. 南开经济研究，2004（5）.

人进行激励和约束，将权、责、利划分明确，来实现目标利益一致。

三、公司治理与企业管理的异同分析

管理和治理的理念，其实在1776年亚当·斯密（Adam Smith）《国富论》中就有所论述。他认为，正像一个富人的管家一样，他们倾心于关心一些小事，而不是对主人的忠诚，极易把主人的东西据为己有。[①] 股份公司里经营人员没有资产所有权，获得的利益不对等，因此他们不会像合伙制那样去管理企业，这就产生了代理问题。

最早研究公司治理和企业管理的区别是Robert I. Tricker教授。他在1984年《公司治理》一书中明确提出公司治理的重要性及其与公司管理的区别，认为管理是运营公司，而治理则是确保这种运营处于正确的轨道之上。[②] 公司管理是对公司的业务运作，如生产、开发、营销等。公司治理是公司边界外的董事如何全面指导企业、监察和控制管理部门的执行行动，以达到利益的合理预期。并且他还认为战略制定是治理与管理共同的行为，两者通过战略管理连接在一起。

肯尼斯·代顿（Kenneth N. Dayton）认为，公司治理与公司管理既有联系也有区别，是一个硬币的两面，谁也不能脱离谁而存在，它们相互依存，又互相区别。公司治理指的是董事会利用它来监督管理层的过程、结构和联系，公司管理则是管理人员确定目标以及实现目标所采取的行动。[③] 他还指出，一个公司中，需要优化公司董事会与管理层之间的联系。

吴淑琨认为，公司治理模式主要考察的是构成公司的各相关利益主体之间责权利的划分，以及采取什么样的手段实现相互间的制衡，它是企业财富创造的基础和保障。公司管理则是在既定的治理模式下，管理者为实现公司的目标而采取的行动，这是财富创造的源泉和动力。两者间的连结

---

① Adam Smith. An Inquiry into the Nature and Causes of the Wealth of Nations［M］. London: Oxford University Press，1776.

② R I Tricker. Corporate Governance［M］. Gower Publishing Company Limited，1984.

③ Kenneth N. Dayton. Corporate Governance: the Other Side of the Coin［J］. Harvard Business Review，1997（162）：1—10.

点就在于公司的战略管理层次。①

周新军认为，公司治理与企业管理的内涵有很明显的两点区别。第一点区别，即双向和单向之别。治理是一种双向关系，不仅是公司最上层这一方作用于公司下层直至最底层的另一方，而且另一方也反作用于这一方，形成了互相制约的关系。这种双向关系可以理解为一种互动式的共同治理。而管理是单向的行为，只是公司上层对下一层的关系。只有上级管理下级，而没有颠倒过来的事情发生。第二点区别，即为人与物的关系差别。治理指的是行为人在责权利之间的相互制衡关系，实际上是一种人与人之间的关系；而管理除了体现人与人的关系外，还主要体现为一种人对物的管理，最终表现的是人与物的关系。②

公司治理与企业管理的异同分析可以总结如表 7.1 所示。

表 7.1　公司治理与企业管理的比较分析

	公司治理	企业管理
侧重焦点	解决委托代理问题，降低代理成本，提高决策质量，保护投资者利益	注重于公司运营，提高公司经营效率和赢利能力
主要目的	监督与制衡的有效性、决策的科学性、执行的有效性、激励约束的有效性	实现公司的战略目标、使命
作用主体	股东会或股东大会、董事会、监事会、经理层、员工层等	董事会、经理层、员工，其中经理层是核心
主要职能	决策、协调、监督、激励、约束	计划、组织、领导、控制
实施基础	公司内外部治理机制、契约关系	组织层级关系、行政权威
实施结构	公司治理结构	企业组织结构
适应企业	公司制企业	任何企业
权力基础	所有权	经营权
作用方式	双向、多元、多层次联合治理	单向命令执行系统
二者关系	公司治理涵盖了企业管理的职能，公司治理扩展了企业管理的内涵与外延	企业管理是公司治理的基础，企业管理从属于公司治理范畴

---

① 吴淑琨. 公司治理与公司管理的系统化思考［J］. 南京大学学报（哲学社会科学版），2001（1）.

② 周新军. 企业管理与公司治理：边界确定及实践意义［J］. 中南财经政法大学学报，2007（5）.

从上表可见，从企业管理到公司治理发生了深刻而全面的变革，是传统企业管理的一场革命性转变，是理念的转变、结构的变革和机制的完善。公司治理针对的是企业中存在的利益冲突问题。从基本的组织结构到股东会、董事会、监事会、职工会等组织结构的出现，债权人作为股东进入股东会，独立董事制度的完善，股权结构的多元化等都反映了从管理到治理的结构变革。机制的完善，市场机制、政治法律机制、薪酬激励机制、约束机制等的出现使企业机制系统更加完善。

四、国外公司治理模式的发展动态

英美实行的是“市场导向型”治理模式，德日实行的是“银行导向型”治理模式。总体来看，国外公司治理呈现以下发展趋势：

1. 股权开始分散，股东主权地位动摇

相关利益者理论对股东中心理论发起了挑战，随着多方投资者的加入，股权日益分散，债权人在公司治理中的作用加强。这不仅仅需要解决股东和经理人之间的冲突问题，外部利益相关者与股东之间的冲突也引起了关注。

2. 独立董事会推行，外部监督加强

独立董事制度的推行，能够加强对公司决策和运营的监督，保证决策的有效性。现代公司治理愈加重视外部治理机制，外部的市场机制、政治法律机制和网络治理等对于公司的监督日益加强。特别是数字化时代已经来临，网络治理越来越受到重视。

3. 机构投资者地位上升

德日的银行在公司治理中居于主导的地位，其他机构投资者也都积极参与到公司管理和治理当中，以保证自身利益的实现。机构投资者在公司治理中对拥有公司直接控制权的股东和经营权的经理人的监督约束起到了很大的作用。

4. 职工参与程度提高

德国的职工会、美国的管理层收购和员工持股计划、日本的员工主权计划，都反映了对职工参与公司决策的重视。

五、中国公司治理的变革

1. 中国公司治理的整体变革

中国企业应根据自身的实际情况与发展环境，选择合适的治理模式。

（1）优化股权结构。我国很多企业都是一股独大，国有企业尤为严重，所以导致控制权过于集中或者国有企业的所有者主体缺位。这不利于保护中小股东的合法利益，且往往导致大股东“圈钱”和“内部人控制”问题非常严重。因此必须优化股权结构，引入战略投资者和多元化的股权投资人。

（2）加强独立董事制度建设和完善监事会的监督职能。董事会作为企业的核心机构，要使其不受大股东的操控，能真正发挥决策和监督职能。外部独立董事要增强其独立性，通过法律来明确其职责和权力，加强对独立董事的激励，使董事会决策更加有效。要建立健全考核管理机制，构建完善的董事人力资源市场，对于不合格者予以惩罚甚至解雇。

国家要通过法律让监事会的权力具有充分保障，当董事、经理做出与公司利益不一致的行为时，能及时制止甚至上诉。要赋予监事会的公司代表权，在特殊情况下，监事会有权代表公司。如公司与董事之间的诉讼，除股东大会有权选择公司诉讼代表人外，可由监事会起诉。监事会成员需要一名独立监事和必须有一名成员与公司利益无关。

（3）加强对经理人的激励与约束。股东和经理人的利益不平等是导致两者之间矛盾的主要原因。激励机制不充分导致出现信息不对称、逆向选择、内部人控制、过分在职消费、过度投资、资本转化流失以及寻求“金保护伞”等行为，所以我国在公司治理机制设计中应建立一系列使经理人与公司长远利益挂钩的激励机制。一是改革薪酬计划，构建年薪、股票、股权等薪酬组合；二是合理制定长期的股权激励计划，并对其股权进行条件限定，使经理人拥有相应的剩余索取权；三是地位和精神激励。通过对其进行表彰，或者其地位和权力的变动来进行激励；同时也要通过制度和道德对拥有控制权的股东和经理人进行约束，强化信息披露制度，增加信息流通，保证相关投资者有效地对企业经营情况进行全方位的了解。

（4）通过充分发挥市场机制加快经济型治理的转型。我们应加快推动市场机制的完善，来保障公司经济型治理的转型。市场机制有资本市场、产品市场和经理人市场等。① 形成充分竞争的产品要素市场。在市场价格机制下，不同的产品和要素会形成一个透明化的成本和利润水平，相关利益主体就能通过此利润水平来进行监督和约束。充分竞争的产品和要素市场的存在，有助于克服经营权和管理权分离下的信息不对称，从而为解决代理人问题提供了可靠的信息支持。[①] ② 完善资本市场和公司控制权市场。我国银行都是以间接融资的方式，很多银行都代表着国有资本，政府往往在企业融资中起了关键作用，所以无法形成完全的市场竞争环境。作为企业的债权人，银行在法律上并没有参与到公司的有效治理中，导致企业的最大债权人虚化，当企业经营不善宣告破产时银行借贷的资本无法收回，利益受损。因此应对银行进行商业化改革，从法律制度上保障其权力，形成最大债权人的有效监督地位。这方面可以借鉴学习德国、日本“相机治理”的成功经验。③ 发展经理人市场。发展经理人人才资源市场机制，经理人的薪酬、职位和权力由其在市场竞争中的能力和绩效进行决定。

（5）加快建立健全相关法律制度。我国早已制定了《公司法》《上市公司治理准则》，但还有不少公司没有按要求进行治理改造。而且，其他相关法律法规体系还存在不少漏洞，同时有法不依、执法不严等现象也时有发生。相关法律制度的完善是保证治理机制有效实施的基础。

（6）数字化时代下的网络治理。随着信息技术的高速发展，自媒体平

---

① 任冷．公司治理的内部机制和外部机制［J］．南开经济研究，1999（3）．

民化无处不在，因此，数字时代下的企业网络治理日趋重要。先进的信息技术和信息系统让组织内部层级之间，企业与供应商、经销商、债权人、股民、顾客以及各类利益相关者之间的交流方式多元化，且越来越便捷通畅，企业变成了一个个透明体。企业有可能因此而加速发展，也有可能突然死亡，因为发达的互联网具有强大的放大功能，一旦企业出现经营问题，特别是产品与服务质量问题、经营中的道德问题等，企业都将面临灭顶之灾。为此，企业必须认真做好自己的工作，提供优质的产品与服务，并积极面对数字化时代无所逃遁的网络监督。

2. 国有企业公司治理的改革

（1）股权结构改革。① 加强国有股持有主体的有效性；② 发挥机构投资者的治理作用，特别是要加强机构投资者对经理人的监督和约束作用；③ 确保中小私人投资者的权利。通过政府、机构投资者和私人投资者相互制衡，才能确保股权结构的合理化，才能使公司治理健康有效。国有企业进行混合所有制改革是个方向，通过引入机构投资者和私人持股来使股权分散，并通过企业党委对其进行方向引领和有效监管。

（2）确立多元主体地位

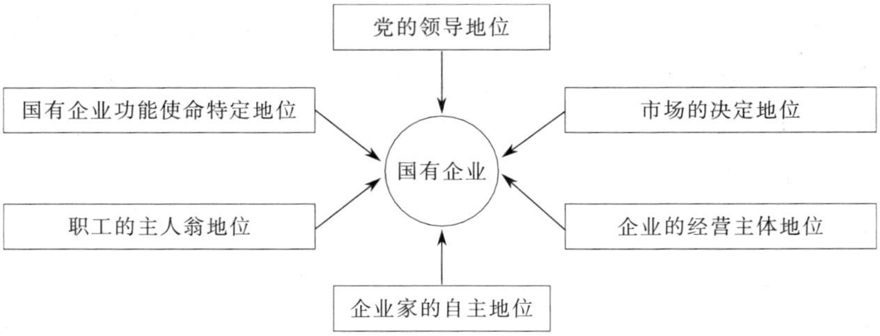

图 7.1　国有企业的多元主体地位模型

（3）经理人应实行职业化管理。我国国有企业的经理层应该实行职业化管理，去行政化、去官员化，权责分明，激励约束、晋升机制硬化，以提高企业绩效为目标。在不完全契约下，给予经营人员一定的剩余索取权，如薪酬激励和股权激励，让他们薪资与企业绩效挂钩，与企业长期利益一致，引导经理人员把精力全部放到公司经营绩效上来。国家应完善市场竞争机制，让市场来选择和淘汰经营人员。

（4）交叉合议制的创新应用。交叉合议制是在二级公司由两名（含）以上派出董事、监事组成合议组，合议组由集团分管领导、派出董事、监事组成，合议组召集人原则上由分管领导担任。它的特点是：一是多人参与；二是平等参与；三是共同决策；四是独立思考；五是交叉任职。[①] 交叉合议制能够加快二级公司的决策流程，提高决策的有效性，增加与总部之间的交流和信息反馈，更能体现即时性和民主性，实现由“自上往下”的行政型治理模式向“自下往上”的经济型治理模式转变。

（5）充分发挥“老三会”在治理结构中的作用。经济型治理模式要“自下往上”，职代会和工会是基层组织，有着良好的群众基础，发挥其治理职能，可以使企业决策更民主化、合理化。党组织作为国有企业董事会和经理层决策的前置机构，内部的直接干预更有效，更能保证决策符合企业利益。并且党组织最优的“双向进入”程度能平衡代理成本和政治成本。[②] 党委书记和董事长一肩挑，能够保证公司决策的高效性和一致性。

3. 民营企业的公司治理改革

（1）股权分散化与治理结构优化。我国民营企业大多是以创始人为中心的家族式企业，大部分股权由家族成员所控制，重要高层管理人员多由家族成员担任，所有权和控制权绝对集中，有不少家族企业因此而发展缓慢。因此，民营企业发展至一定程度也要引入各方资本，实现股权结构多元化，从而带动治理结构的优化。

（2）建立科学的决策机制。民营企业内部治理决策机制中，投资人或者家族决策占主导地位，往往倾向于控制权的高度集中，董事会的作用不大，缺乏内外部的有效监督和制约。凭个人经验决策、主观随意性决策是

---

① 奚国华. 治理创新交叉合议新机制［J］. 新经济导刊，2018（11）：14—22.

② 马连福，王元芳，沈小秀. 中国国有企业党组织治理效应研究［J］. 中国工业经济，2012（8）.

民营企业普遍存在的问题，民营企业决策机制改革的基本方向是由家族治理走向董事会专业联合治理。包括：优化董事会成员结构，健全决策程序机制，加强内部制度与流程建设等。同时要做好人才引进计划，提高公司专业治理水平。

（3）增加约束制度的有效性。由于民营企业在市场中受竞争机制影响更大，企业往往通过更高的薪酬计划吸引更多高素质、有能力和有经验的人才。在高度竞争的市场环境中，为了快速应对市场变化，委托人往往授予代理人更大的控制权和剩余索取权，而一旦约束失效，极易导致败德风险、逆向选择和内部人控制。因此，民营企业更应该加强约束机制的有效性。

六、建立多元联合治理机制

现代企业的治理机制不是一个单一的主体和单一的机制所构成，而是由各个利益相关方的多个主体和多种机制所共同构成的一种多元、多层次的联合治理结构和治理机制，包含多个治理主体、多种治理机制、多元的责权利制度安排和复杂而有序的决策、执行、监督运行规则与权力运行逻辑。

公司治理机制可以分为内部治理机制和外部治理机制。内部治理主体包括：股东大会、董事会、外部董事、独立董事、经理层、监事会、内部员工，内部治理机制包括党的领导、企业战略、组织结构、制度流程、审计监督、企业文化、民主管理等；外部治理主体包括：产品要素市场、资本市场、经理市场、公司控制权市场，外部治理机制包括政策法律、舆论监督、网络治理、社会评价等。股东大会是企业所有权的拥有者，是公司最高的权力机构，拥有对董事和监事的任免权。董事会是公司的决策机构，成员组成中独立董事具有一定比例，同时拥有公司日常经营的决策权和监督权。监事会拥有监督权。经理层执行董事会的决策，负责组织开展公司日常的生产经营活动。

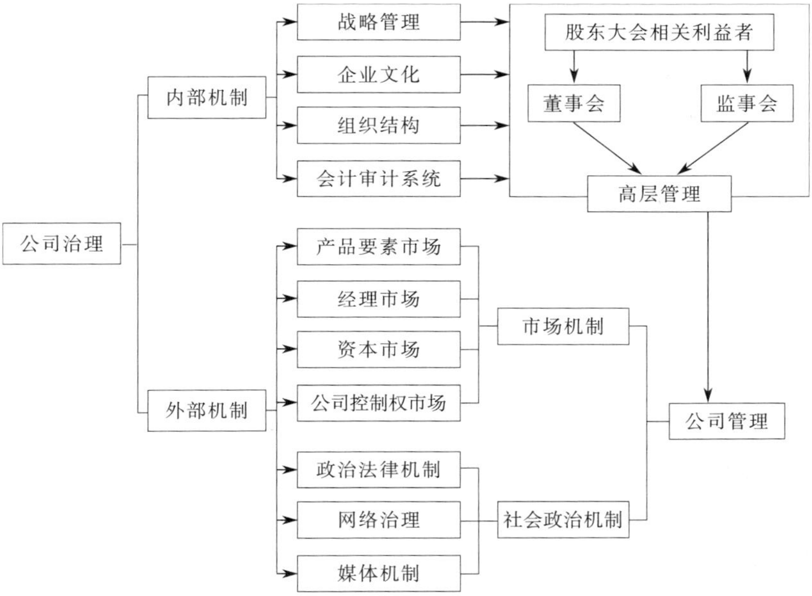

图 7.2　公司多元联合治理机制模型

多元联合治理机制发挥作用需要做到以下几点：

（1）保证股东与管理者目标利益一致。利益一致才不会产生利益冲突和信息不对称。可通过有效的合约激励机制使管理者追求企业利益最大化。

（2）完善内部信息系统，提高经营信息质量是提高公司治理质量的基础条件。包括内部决策依据、真实经营状况、内部职责流程、财务会计信息、审计监督情况、信息发布的有效性等。

（3）充分发挥监督机制的作用来推动公司实现企业发展目标。通过党委会、董事会、监事会、经理市场、产品市场以及媒体的监督等来促使管理者勤勉尽职，提高企业管理的效率和水平。

（4）充分发挥市场机制的作用。竞争机制能够很好地对资本、产品和经理人进行资源的最优配置，“物竞天择、适者生存”，市场会进行筛选。

（5）充分发挥专业人才在公司治理中的作用，实现专业化治理。

（6）充分重视发挥企业战略在公司治理中的引领作用。

（7）充分重视发挥企业文化在公司治理中的潜移默化作用。

（8）充分发挥党组织在国有公司治理中的政治核心和决策引领作用。

参考文献

[1]［美］斯蒂芬·P. 罗宾斯，玛丽·库尔特. 管理学［M］. 孙健敏，译. 北京：人民出版社，2017：26.

[2] 吴淑琨. 公司治理及其与公司管理的系统化模型和实证研究［M］. 西安：西安交通大学出版社，1999.

[3]［美］罗纳德·科斯. 企业的性质［M］//盛洪，译. 现代制度经济学. 北京：北京大学出版社，2003.

[4] 石莹，赵建. 企业管理、公司治理与治理公司的概念界定及其联系：制度经济学视角［J］. 理论学刊，2009（1）.

[5] 付俊文，赵红. 利益相关者理论综述［J］. 首都经济贸易大学学报，2006（2）.

[6] 黄少安. 中国转轨时期公司治理的特征分析［J］. 甘肃社会科学，2007（1）.

[7] 郑志刚. 公司治理机制理论研究文献综述［J］. 南开经济研究，2004（5）.

[8] Adam Smith. An Inquiry into the Nature and Causes of the Wealth of Nations［M］. London：Oxford University Press，1776.

[9] R I Tricker. Corporate Governance［M］. Gower Publishing Company Limited，1984.

[10] Kenneth N Dayton. Corporate Governance：the Other Side of the Coin［J］. Harvard Business Review，1997（162）：1—10.

[11] 吴淑琨. 公司治理与公司管理的系统化思考［J］. 南京大学学报（哲学社会科学版），2001（1）.

[12] 周新军. 企业管理与公司治理：边界确定及实践意义［J］. 中南财经政法大学学报，2007（5）.

[13] 闫冰. 代理理论与公司治理综述［J］. 当代经济科学，2006（6）.

[14] 张维迎. 西方企业理论的演进与最新发展. 经济研究，1994（11）.

[15] 杨慧敏. 公司治理、企业管理与会计信息系统［J］. 会计研究，2000.

[16] 郑红亮，王凤彬. 中国公司治理结构改革研究：一个理论综述［J］. 管理世界，2000（3）.

[17] 李维安等. 公司治理研究的新进展：国际趋势与中国模式［J］. 南开管理评

论，2010.

[18] 姜国华，徐信忠，赵龙凯. 公司治理和投资者保护研究综述 [J]. 管理世界，2006（6）.

[19] 田丰. 公司治理与公司管理的关系研究 [D]. 吉林大学，2007.

[20] 李续忠. 美日德公司治理结构的特点及其启示 [J]. 中国工业经济，1996（11）.

[21] 吴淑琨，席酉民. 公司治理模式探讨 [J]. 经济学动态，1999（1）.

[22] 王舟浩，张园. 国外公司治理经验及对我国的启示 [J]. 西安交通大学学报（社会科学版），2014.

[23] 任冷. 公司治理的内部机制和外部机制 [J]. 南开经济研究，1999（3）.

[24] 吴淑琨，席酉民. 公司治理模式探讨 [J]. 经济学动态，1999（1）.

[25] 李维安. 从管理到治理的思想革新 [N]. 人民日报，2013-12-06（5）.

[26] 马连福，王元芳，沈小秀. 中国国有企业党组织治理效应研究 [J]. 中国工业经济，2012（8）.

[27] 奚国华. 治理创新交叉合议新机制 [J]. 新经济导刊，2018（11）：14—22.

[28] 李亚. 中国民营企业的治理机制研究 [J]. 首都经济贸大学学报，2005（6）.

[29] 李维安，林润辉，范建红. 网络治理研究前沿与述评 [J]. 南开管理评论，2014（5）：42—53.

第八章　中国人本管理思想的演进逻辑及其价值

人本管理是一种把人作为管理活动的核心、管理的主要对象和组织的重要资源的管理理论和方法。人本管理思想在企业管理、国家治理或其他任何组织的管理中，都具有重要的指导意义。

中国文化源远流长，具有极其丰富的人本管理思想。人本管理一词源自战国时代齐国政治家管仲《管子·霸言》："夫霸王之所始也，以人为本，本治则国固，本乱则国危。"① 意为只有解决好人的问题，才能使国家得以巩固，最后达到称王称霸的目的。中国传统的人本管理思想基本是沿着这条思路传承的。儒家以天、地、人为"三才"，作为管理最初始的客体；道家以道、天、地、人为"四大"，充分体现了人的主体地位。因此，探究中国人本管理思想的演进以及对现代企业人本管理的普世价值极具理论与现实意义。

一、儒家的人本管理思想

儒家是由孔子（春秋时期鲁国人）创立的，后来逐步发展为以"仁"为核心的思想体系，从创立到现在大约有两千五百多年。人是儒家思想的出发点、立足点和落脚点。《论语》《孟子》《大学》《中庸》四书是儒家

---

① 《管子·霸言》。

的经典之作，蕴含了深刻的人本管理思想。儒家思想体系包括：仁、义、礼、智、信、恕、忠、孝、悌。其核心思想是仁治、德治、礼治，遵循礼治，提倡德治，重视人治。

1. 重视人的主体地位

孔子在《礼记·中庸》中提出："为政在人，取人以身，修身以道，修道以仁。仁者人也，亲亲为大。义者宜也，尊贤为大。"[①] 这里明确把人作为管理的主体，意为管理国家，首先要得到人才，选拔人才取决于他的品德修养，品德修养取决于他是否遵循正道，遵循正道又取决于他有没有仁心，体现了儒家的仁爱思想。孟子还提出"民为贵，社稷次之，君为轻"[②]，意为百姓最重要，国家其次，国君为轻。这与他重视人的主观能动性的一贯思想是分不开的；到了后期，儒家思想更是在坚持天人合一的基础上高扬人的主体性。

2. 强调人的独立性和主动性

儒家强调个体人格的独立性和主动性。孔子反对将人物化，反对无视人的尊严。因此，他不仅反对残害生灵，而且反对强加意志于人，指出"匹夫不可夺志"[③]，"己所不欲，勿施于人"[④]。孟子则直截了当地要求执政者"无为其所不为，无欲其所不欲"[⑤]，"所欲，与之聚之；所恶，勿施尔也"。[⑥] 孔子曾经说："道不行，乘桴浮于海。"[⑦] 如果主张不能行之于世，宁可流亡海外，也要实现自己的理想。

---

① 《礼记·中庸》。
② 《孟子·尽心章句下》。
③ 《论语·子罕》。
④ 《论语·颜渊篇》。
⑤ 《孟子·尽心章句上》。
⑥ 《孟子·离娄上》。
⑦ 《论语·公冶长》。

3. 尊重人的利益追求

儒家尊重人的利益要求。子曰："富与贵，是人之所欲也，不以其道得之，不处也"[①] 意为富有显贵，这是人人都想得到的；如果不能用正确的方法获得它，君子是不会接受的。孔子不反对人们求利、得利，他认为"欲富恶贫"是人的一种共同的普遍的倾向，只是主张义以为上，不能见利忘义。他考虑到了"欲富恶贫"的人性前提，承认人们追求财富的必然性和合理性。

4. 德治主义

儒家非常重视人的品性，强调道德感化。《大学》在明确育人宗旨时，首先便提出大学的根本在于"明明德"。儒家之所以以德为先，它的根据在于《左传》之"德，国家之基也"[②]。孔子曰："志于道，据于德，依于仁，游于艺。"[③] 意为立志要高远，要以自己希望达到的境界来确立自己的志向；言行举止要以良好的道德规范来约束自己；要保持内心的善良与仁爱，行事宽容有爱心；同时对礼、乐、射、御、书、数六艺游刃有余、熟稔于心。德治是一种心理上的改造，使人以道德规范约束自己，是最彻底、根本的方法，远超于规章制度的制约。

5. 礼治主义

儒家一向主张"礼"是为政的重要基础。礼也是一种法的形式，它是以维护宗法等级制度为核心，如违反了"礼"的规范，就要受到"刑"的惩罚。《荀子·修身》中有"人无礼则不生，事无礼则不成，国家无礼则不宁"[④]。意为做人不讲礼，就不能生存；做事不讲礼，就没有成就；国家不讲礼，就不得安宁。礼，德之范也。即礼是规范，长幼、尊卑、贵贱各

---

① 《论语·里仁》。

② 《左传·襄公二十四年》。

③ 《论语·述而》。

④ 《荀子·修身》。

有其特殊的规范。国家的治乱，取决于等级秩序的稳定与否。儒家思想主张在遵守内心道德规范的同时，也应有明确系统的规章制度来约束。

6. 以和为贵

孔子以“和”作为其人文精神的核心，主张以和为贵，强调“礼之用，和为贵”。[①] 孟子提出的“天时不如地利，地利不如人和”[②]，把人和作为成功的关键因素，直接强调了人和的重要性；正是从人和的重要性出发，他提出了“得道者多助，失道者寡助”[③] 的结论。《论语·子路》中有“君子和而不同，小人同而不和”[④]，意为和也是君子的处世原则。只有百姓安居乐业、和谐融洽，人与人、与自然实现和谐，才利于实现目标。

7. 强调重义轻利

儒家经济思想的主要内容是孔子的重义轻利、见利思义的义利观与富民思想，对后世有较大的影响。孔子所谓的义，是一种社会道德规范，利则指人们对物质利益的追求。在处理义与利的关系上，孔子把义摆在首要位置。孔子认为应见利思义，即在面对物质利益时，也要想到义，只有符合义的利益才可取。孔子在《论语·子罕》中主张“罕言利”[⑤]，即要少把利放在嘴边，但并非不要利。孔子在《论语·里仁》中说：“君子喻于义，小人喻于利。”[⑥] 孔子认为君子与小人的区别可反映在对待义与利的态度上，即君子取利有道，小人取利无道。

8. 教育首位原则

儒家思想非常重视对人的教育。孔子首次提出“有教无类”的观点，认为人是平等的，任何人都享有受教育的权利。在教育实践上，主张循循

① 《论语·学而》。
② 《孟子·公孙丑下》。
③ 《孟子·公孙丑下》。
④ 《论语·子路》。
⑤ 《论语·子罕》。
⑥ 《论语·里仁》。

善诱、因材施教，注重对学生的培养。《礼记·学记》中有“玉不琢，不成器；人不学，不知道。是故古之王者，建国君民，教学为先。”[①] 即玉如不琢磨就不能成为器物，人如不学习，就不懂讲道理。因此，古代贤君，建国治民，都把教育放在首位。《论语·子张》中有：“仕而优则学，学而优则仕。”[②] 即做官的事情做好了，就更广泛地学习以求更好；学习学好了，就可以去做官，更好地推行仁道。

儒家文化是一种综合考虑组织与个人关系的管理哲学。它以组织的稳定作为管理的基本目的，同时承认组织中人的基础性，强调以人为本。在以孔子为代表的儒家看来，管理的本质是“治人”，管理的核心是如何实现人的自我价值与人格的完善，管理的前提是“人性”，管理的方式是“人治”，管理的关键是“得人心”，管理的最终目标是“用人”。总之，管理是以人为根本的管理。

二、道家的人本管理思想

道家思想具有非常鲜明的人本特征，道家思想指出了人的重要地位。道家思想创始人老子在《道德经》第二十五章中讲到：“故道大，天大，人亦大。域中有四大，而人居其一焉。”[③] 意为人与“道”“天”“地”具有同等重要的地位，这种思想与现代人本管理中的“管理即人”“管理的核心在人”的主张相一致。道家的人本管理思想主要有以下几点：

1. 道法自然，无为而治

道家学说认为，人类社会的管理活动必须按照自然法则来进行管理，即遵循客观规律，顺应自然。“无为而治”是道家管理思想的核心内容和基本原则，所谓“无为”，并非是无所作为，而是顺乎自然，掌握事物发展的客观规律，预测进程，预知结局，因势利导，游刃有余。不倒行逆施，不强行蛮干，不拔苗助长，不急于求成，不人为地强制和干涉。《道

---

① 《礼记·学记》。
② 《论语·子张》。
③ 《道德经·第二十五章》。

德经》第五十七章提出“我无为，而民自化”①，主张领导者要以无为的方式管好人和用好人，管理者应当顺乎规律而为，合乎民心而为，给予下属一定的自由权，用今天的话来说就是做到民主管理、自主管理。

2. 上善若水，以柔克刚

老子认为水接近万物之道，并提倡管理者运用水的特性智慧进行管理。强调管理不应是僵硬固化的，而应是具有柔性、灵活的，对待组织成员要像水一样平静谦和，宽容以待。面对一切危机干扰，要像水一般稳定，利用蕴藏的巨大能量推动组织向上发展。鼓励管理者因时间、地点、对象的不同而不断变换管理方式，还要发挥滴水穿石、因势利导的精神，实现以柔克刚、借势而行。用现代的观点解释就是在完善规章制度的同时，不断融入人本管理的思想，减少组织人际关系的冲突，加强组织的凝聚力和向心力。

3. 知人善用，谦下不争

“知人善用”是指管理者要有敏锐的洞察力，去发现人才并合理地利用人才。道家的管理思想强调管理者应当善于识人、用人，善于用人所长，避其所短，以达到物尽其用、人尽其才的目标。道家把“谦下不争”作为对领导的重要道德要求，强调高层管理者应该做到谦卑，善于听取并采纳下属的意见，不事事争先。“天之道，利而不害；圣人之道，为而不争。”②；“夫唯不争，故天下莫能与之争”③，体现了平和、自然、不争的处世态度。

4. 少私寡欲，知足知止

道家思想主张降低利己之私心和对名、权、利的过度追逐；主张制定切合实际的奋斗目标，合理设定目标与任务，对人对己不抱有过分期望，有所不为然后有所为，适可而止，知足常乐。

---

① 《道德经·第五十七章》。
② 《道德经·第八十一章》。
③ 《道德经·第二十二章》。

三、法家的人本管理思想

法家是先秦诸子百家最重视法律的学派，提出了富国强兵、以法治国的思想。不同于儒家思想的德治，法家强调法治，把法律视为有利于统治社会的强制性工具。法家的人本管理思想主要有以下几点：

1. 利益至上的人性观

在法家思想中，好利恶害、趋利避害是人的固有本性。法家认为利才是人的一切行为的动因，并反对儒家的仁义、德治，认为只有人的物质利益需求得到满足时，才会行仁义、讲道德。商鞅认为，人的本性与生俱来，人的一生就是追逐名利的一生，人的所有行为都受制于好利的本性。《商君书·算池》里指出："民之性，饥而求食，劳而求佚，苦而索乐，辱则求荣，此民之情也。"① 由于人的生存需要，每个人在利弊之间都要趋利避害。《商君书·算池》："民之生；度而取长，称而取重，权而索利。"②《韩非子·六反》："父母之于子也，产男则相贺，产女则杀之，此俱出父母之怀衽，然男子受贺、女子杀之者，虑其后便，计之长利也。"③ 韩非亦认为，人的本性是好利的，主要根源于人们的生存需要。

2. 法治主义

不同于儒家的德治、仁治，法家主张绝对的法治。法家认为应以法治国，只有依据法令奖罚才能使人民集中力量耕、战，才能实现富国强兵的目标。管仲作为法家的思想先驱，在《管子·明法》中讲道："威不两错，政不二门，故以法治国，则举措而已。"④ 首次明确提出"以法治国"的概念。商鞅在《商君书·慎法》中指出"明王之治天下也，缘法而治"⑤，

---

① 《商君书·算池》。
② 《商君书·算池》。
③ 《韩非子·六反》。
④ 《管子·明法》。
⑤ 《商君书·慎法》。

认为法律应该是平等的。法家虽然将法作为统治社会的工具，但其法律平等性也体现了其追求权力平等的进步性。

3. 行政管理思想：得民心者得天下

管仲认为，治国的成败与人民的得失有密切的关系。《霸言》曰："夫争天下者，必先争人""得天下之众者王，得其半者霸。"① 得民的多寡直接决定着政权的兴衰，而得民的关键在于能否赢得民心。"政之所兴，在顺民心；政之所废，在逆民心。"② 何谓"顺民心"，《君臣上》云："明君顺人心，安情性，而发于众心之所聚。"③ 强调英明的君主懂得顺应人的本性，以众人共同关心的事作为其治政行事的出发点。管子的民本思想并非只停留在理论与意识层面，而是具体体现为"顺民、爱民、富民、惠民"等行政措施中。

4. 经济管理思想：富国先富民

管子的富国富民思想亦体现了以民为本的原则，把百姓放在首位。"是以善为国者，必先富民，然后治之。"④ 善于管理国家的人，必先使人民富裕，然后才能治理。"民恶贫贱，我富贵之；能富贵之，则民为之贫贱。"⑤ 人民厌恶贫贱，就使他们富裕起来；能让他们富裕，他们就能不惜贫贱而为国效力。把人民放在首位，先利民而后治国，体现了人本管理的思想。

四、墨家的人本管理思想

1. 以人民利益为本

墨子主张"兼爱非攻"。所谓"兼爱"，包括平等与博爱；"非攻"意

---

① 《管子·霸言》。
② 《管子·牧民》。
③ 《管子·君臣上》。
④ 《管子·治国》。
⑤ 《管子·牧民》。

指反对战争，倡导人类和平。《兼爱中》云："子墨子言曰：仁人之所以为事者，必兴天下之利，除去天下之害，以此为事者也。"[①] 其意为，仁义之士所要做的事，必然是兴盛天下人的利益，消除天下人的危害，以此作为自己的事业。也就是说，君子要兴盛天下人的公利，消除天下人的公害。墨家之徒的言论行动，皆以国家、百姓、人民之利为准绳。

2. 兼相爱，交相利

墨子的"兼相爱交相利"思想之实质，是一种柔性管理，主张对人的尊重与爱护，通过人与人之间的互动、相爱来改善人际关系，消除破坏性冲突，创造良好的社会环境，使人们既能自爱又能爱人，使每个人的利益都能得到满足，这既符合人的自然性的需要，又符合社会道德法律规范。只有"天下兼相爱"，才能"国与国不相攻，家与家不相乱"，治理国家秉承兼爱的原则，天下方可太平。墨家的兼爱是相互的，既利人又利己，既利国又利民，反对亏人自利，倡导爱利万民。

3. 嬴民心，任贤才

墨子认为"尚同"是施政的根本和统治的关键，而尚同则以爱民、信民为前提。子墨子曰："凡使民尚同者，爱民不疾，民无可使，曰：'必疾爱而使之，致信而持之。'"[②] 意为凡是使百姓尚同的，如果爱民不深，百姓就不可使令。即必须切实爱护他们，以诚信之心拥有他们，才能赢得民心。"夫尚贤者，政之本也。"[③] 墨子认为选用贤能之才，是政治的根本。"是故国有贤良之士众，则国家之治厚；贤良之士寡，则国家之治薄。"[④] 即国家拥有的贤能之士越多，国家越安定；贤能之士越少，越不利于国家的安定。"选天下之贤可者，立以为天子。天子立，以其力为未足，又选

① 《墨子·兼爱中》。
② 《墨子·尚同下》。
③ 《墨子·尚贤》。
④ 《墨子·尚贤》。

择天下之贤可者，置立之以为三公。”[①] 墨子非常重视选人用人，认为选拔贤能之才是治国的关键。其人本管理思想对后世产生了深远的影响。

4. 佛学中的人本管理思想

儒家讲究持重、勤谨、正气、担当以及自省、中庸的为人处世之道，体现了中正做事的学问。这种心态，让人圆融通达，变得具有影响力和号召力，成为社会精英。而佛家主张四大皆空，慈悲宽大、包容忍让，视世间万难为无物，不怨天尤人，从自然，呈本性，体现了超脱修心的学问。

佛学中的人本管理思想，主要体现在：一是佛家思想认为人人都有参与管理的权力，人人都可以分享社会的管理利益，人人都是管理的主体；二是认为人与人之间应该相互尊重、互相包容、互助友好、奉献社会，这与墨子的兼相爱交相利是密不可分的。“谦下以自持，虚心以受善，不敢以贡高为也。”[②] 即在与人的交往中，要谦虚，而不能骄傲自大，要吸取别人的善德。佛教提倡集体主义，强调人的社会价值，提倡集体利益在先，个人利益在后。

五、中西方人本管理思想的差异性

1. 建立基础的差异：理论继承与实践经验

中国的人本管理思想实际上是一种经验性的产物，具有强大的继承性，它的创立者是一些本身没有管理实践经验的哲学家、思想家，人本管理思想只是在对一些问题的思考与探析时提出的，缺乏系统性，没有形成具有规律性的理论。而西方人本管理思想的建立，大都是由本身具有实践经验的企业家完成的，如泰勒、福特等，他们亲自管理企业，通过对实际管理经验的总结、归纳与概括，形成以实践为基础的管理理论。

---

① 《墨子·尚同上》。

② 《六度解》《焚书》卷四。

2．管理假设的差异：天人合一与天人对立

中国传统的人本管理思想基于天人合一的假设，强调人与天、地、自然的和谐与共存。如老子将人与道、天、地置于同等地位，主张道法自然、无为而治，认为人只有遵循自然法则，社会才得以和谐发展。而西方的人本管理则认为人是天地的中心，强调天人对立，并不注重人与自然的和谐统一。

3．管理方法的差异：软管理与硬管理

中国古代人本管理思想注重各种管理因素的协调与平衡，主张以德治国，善于根据实际问题采用柔性管理，而非一套固定死板的管理方法，这种管理被称为“软管理”。而西方人本管理则格外重视理性分析，企业通过制定严格的规章制度、设置正规的组织结构实施管理，这种管理被称为“硬管理”。不管是泰勒的科学管理，福特的流水线管理，斯隆的事业部制或马斯洛、赫兹伯格的行为管理，都强调制度化、标准化、正规化，主张管理与情感分开。他们并不很重视人际关系或以德服人，而是主张不论亲疏远近，一律通过严密的组织制度和纪律约束实施管理。

4．管理目标的差异：天下大同与利益至上

中西方人本管理思想的目标存在差异。中国传统的人本管理思想追求的是天下大同，追求的是一种和谐、融洽、圆满、安定的状态，如墨家的兼相爱交相利思想。而西方则追求效率和利益，强调利益至上，认为管理的关键在于如何提高员工的工作效率，实现企业的利润最大化。

六、中国人本管理思想的重要价值

1．为治国理政提供中国思想智慧

中国传统的人本管理思想对当代领导治国理政有着不可磨灭的影响。儒家的仁爱思想，明确把人视为管理的主体，以人为本；孟子提出的“民为贵，社稷次之，君为轻”[①]，明确把人放在首位，现代国家治理同样应把百姓放在首位。墨子认为尚同是施政的根本和统治的关键，而尚同则以爱民、信民为前提。所谓得民心者得天下，只有做到爱民、亲民、信民，才能拥有民心，天下大同。对当代社会来说，国家领导也只有做到爱民、亲民、信民，才能有效地治理国家。墨子还认为选用贤能之才是施政的根本，国家富强需要贤能的人出谋划策，治国理政应懂得识人、用人。

2. 为国家法治和德治建设树立标杆准则

儒家的德治强调道德感化，以德治人；法家的法治强调法治为先，依法治国、治人。在新时代的背景下，两者缺一不可，社会需要有明确、系统的法律制度来约束人的行为，使其行为符合规范；但只有法律规范是远远不够的，宣扬德治亦是必要的。道德规范是从人的心底规范、约束自己，是最根本的制约。如人人都能做到以道德约束其行为，则可大大减少法治的实施。儒家的德治和法家的法治思想对现代法治建设和德治建设有着深远的影响。

3. 为现代企业管理提供中国式管理艺术

道家的道法自然、无为而治原则，主张管理应顺乎自然，以无为的方式管好人和用好人。这对现代企业的管理方式，尤其是对于高度集权、权威型的管理有很大的启示。能深刻理解道家思想精髓的管理者，就会懂得对员工适当放权，给予他们足够的自主权；懂得以柔克刚、刚柔并济的管理，使管理效率大大提升。法家的好利恶害之人性观以及儒家、墨家对利益的肯定，也会使管理者在激励员工时注重对其经济利益需求的满足。孔子提出的“其身正，不令而行；其身不正，虽令不从”[②]，亦使领导者明确了以身作则的力量。管理者应为员工起到模范作用，以其人格魅力做到隐形管理。

---

① 《孟子·尽心章句下》。

② 《论语·子路》。

4. 为育人、识人、用人提供中国人才理念

儒家思想非常重视对人的教育，把教育放在首要位置，对于当代社会提高对教育的重视程度有一定的促进作用。儒家所说的“学问”不仅仅是文化知识，更主要的是做人的道理，不是应试教育而是素质教育，不是智育而是心理健康教育和心理辅导，所用的手段称为“六艺”，即礼、乐、射、御、书、数，这种教育思想对于当代社会培养德智体美劳全面发展的人是有深刻影响的。

5. 为组织与环境协调提供平衡之道

中国传统的管理思想追求的是天人合一、天下大同的和谐。如道家的道法自然，即顺应自然，无为而治，寻求的是一种世间万物和谐的状态，这对于现代组织与环境的影响极其深远。人与自然是共存的，人类唯有与自然环境和谐相处，尊重、保护身处的自然环境，才能减少不可抗力的自然灾害的发生，两者是互相依存、相辅相成的关系。

6. 为世人建立为人处世之道提供准则

《论语·子路》有云：“君子和而不同，小人同而不和。”① 指的是在为人处世上，应敢于在辩解讨论中坚持自己的想法和观点，拒绝苟同。儒家的仁、义、信、忠、恕、中庸之道等，墨家的兼相爱、交相利，都体现了为人处世的道理。在现代的人际交往中，也应该继承优良的传统文化思想，做到诚信、友善、宽容、义气、忠诚、平和、不偏不倚、见贤思齐、自省等。

7. 为世人树立人生观、世界观与价值观提供指引

儒家非常重视修身，即培养健全的人格。儒家的核心思想在于仁义礼智信，恕忠孝悌等，体现了不同的道德思想。如己所不欲，勿施于人，推

① 《论语·子路》。

己及人的仁爱之心；诚实守信、言行一致的信；尊重孝敬父母长辈的孝悌；遵守道德规范、行为准则的礼，以及对实现自我价值的追求。道家的清静无为、顺其自然，少私寡欲、知足知止，利而不害、为而不争，追求和谐等思想。佛家的慈爱众生、无私奉献之净。这些传统文化思想对于世人树立正确的价值观、人生观以及世界观都有着非同寻常的影响和指引作用。

七、人本管理的内涵发展

人本管理是一种把人视为管理主体、以人为本的管理理论和方法，其内涵的发展大致经历了三个阶段，三个阶段依次递进，其内涵不断发展。

第一阶段的人本管理其本质为手段人。这一阶段的人本管理把人视为管理的主体，视为组织中最核心、最重要的资源；通过有效的制度设计和企业管理活动来激发人的积极性和创造性；采取物质激励手段提高工作效率与效果。企业追求的是利润最大化目标，重在识人与用人，忽略对人的培养。

第二阶段的人本管理不再只是用人，而上升到育人，注重对人才的培养与选拔，从手段人提升到目的人。员工不再单是管理的客体，而是通过实行参与管理、民主管理、自主管理、创新管理，在扮演管理客体角色的同时亦成为管理的主体。这一阶段的人本管理意识到企业价值观、共同愿景的重要性，注重对企业文化、共同价值观的铸造；注重团队合作的重要性，开展团队合作与学习，构建学习型组织；把企业竞争优势的根本来源放到人的创新能力上，注重对人的创造力的激发、创新精神的培养以及创新思维的提升。企业更关注员工和企业的共同发展，全体员工既是管理主体，又是管理的客体，企业的目标不再是单纯的利润最大化。

第三阶段的人本管理在目的人的层次上扩展到社会人。企业的目标不再只是围绕企业本身，而是最终为社会服务；在关注企业内部利益的同时，还关注企业社会责任。人本管理的客体从企业所有者和内部员工扩展到社会公众，人本管理从微观的企业层面扩展到宏观的社会层面。

八、大胆探索以人的创新为本的人本管理新机制

在竞争激烈的市场环境中，创新是企业谋求发展、获取竞争优势的关键。一个企业要想立于不败之地，必须不断创新。无论是科技创新，还是组织创新，而一切创新都取决于组织中人的创造力。因此，现代企业人本管理的本质和最高境界是以人的创新能力为本，组织中的每位员工都是组织的创新者，组织在把人放在主体地位的同时，需要重点关注、培养人的创新能力，发掘员工的创造力，并创造一种具有创新氛围的良好环境，这就是现代企业人本管理的新内涵。

1. 健全创新体制机制

企业应健全鼓励自主创新的政策和机制，为企业的技术创新提供机制保障；充分发挥企业内部研发机构的作用，加强知识产权保护；充分调动科研人员的积极性，鼓励员工大胆创新。

2. 注重创新型人才的培养

企业应注重吸纳培养研发人才，特别是对领头人的发掘与培养。公开选拔有创新精神的管理者，可将提高企业自主创新能力的指标纳入考核体系，激励管理层的自主创新行为。通过国内外选拔、招聘、培训或者企业与教育、科研机构重点联合培养等方式，建立专业的研发人才队伍，形成企业自主创新的中坚力量，以不断提高企业创新能力。

3. 在学习中实现创新

企业要实现创新，必须有创新思维。通过构建学习型组织，形成弥漫于整个组织的浓厚学习气氛，可充分发挥员工的创造性思维能力以实现组织的创新。组织学习是对知识型员工的有效激励方式，能够满足知识型员工高层次的需求，从而促使知识型员工最大限度地发挥出创造力。为此，需要建立组织共同愿景，建立团队学习机制，实现全员学习、全过程学习。

4. 营造创新氛围，激发创新活力

企业的工作环境、氛围、团队的领导风格等都会影响员工的创造力。为此，① 营造和谐融洽的工作氛围。压抑紧张的工作氛围会对员工创造力的发挥起到抑制作用；相反，团队成员的合作互助、和谐的人际关系、亲民式的领导都有利于员工创造力的发挥。② 鼓励支持创新。应鼓励创新并容忍风险，使员工敢于创新。企业可实施创新奖励机制，鼓励员工敢于打破常规、创造性地思考。要鼓励员工之间开展各种形式的交流与讨论，鼓励见解的多样性。创造力的发挥有赖于信息共享与思想火花的碰撞。③ 培养创新型领导，激发创新活力。相比权威型领导，民主型领导更愿意接受员工的建言，更倾向于与员工沟通和交流，更容易激发员工创造力。同时，团队领导的领导力、创新意识、创新精神与工作激情，则会带动整个团队的工作热情，激发团队的创新活力。④ 给予员工适度的工作自主权。只有让员工在组织中没有沉重的束缚感，才能使他们的积极性与创造力得以充分发挥。适度的放权，使员工多了自主思考的机会，有利于员工创造力的发挥。⑤ 改进任务设计，知人善任。可以通过任务设计、岗位轮换使员工在不同岗位得到历练；可以为员工分配有挑战性的任务，适度的压力将促进他们积极性和创造性的发挥。

参考文献

[1] [美] 哈罗德·孔茨，西西尔·奥唐奈. 管理学 [M]. 上海：上海人民出版社，1990：596.

[2] [美] 道格拉斯. 麦格雷戈. 企业的人性面 [M]. 韩卉，译. 北京：中国人民大学出版社，1960：33－34.

[3] 孙耀军. 西方管理学名著提要 [M]. 江西人民出版社，2007：134.

[4] 李雅琳. 新时期加强企业民主管理的有效途径 [J]. 国网技术学院学报，2018，21 (6)：11－12＋17.

[5] 郝丽敏，任豪. 如何加强工会民主管理 [J]. 中国电力企业管理，2018 (6)：66－67.

[6] 庞尔贤. 试论我国企业学习型组织的构建 [J]. 经济师，2017 (2)：26—27.

[7] 章立会. 中小型企业学习型组织的构建 [J]. 中小企业管理与科技(中旬刊), 2016 (3): 1.

[8] 李常亮. 企业推行班组自主管理的实践与思考 [J]. 企业改革与管理, 2018 (5): 27+29.

[9] 刘泓, 魏文斌. 企业创新氛围对员工创造力的影响及其营造措施 [J]. 全国商情(理论研究), 2010 (22): 12—13.

第九章　中国传统商业文化与中国企业家精神探源

一、文化的内涵

什么是“文化”？《易·贲卦·彖传》：“刚柔交错，天文也；文明以止，人文也。观乎天文，以察时变，观乎人文，以化成天下。”[①]“文”的本义为文身，如《礼记·王制》：“东方曰夷，被发文身，有不火食者矣。”后延伸出两层涵义，即“天文”和“人文”。所谓文，就是指一切现象或形象。天文就是指自然现象，也就是由阴阳、刚柔、正负、雌雄等两端力量交互作用而形成的错综复杂、多姿多彩的自然世界，我们通过对天文的考察，可以看到一年四季的变化。所谓人文，“文明以止，人文也”[②]，用人文的方法让这个社会发生变化，并用文明加以规范与约束。人文活动就是指自然现象经过人的认识、教化、改造、重组的活动。“文化”可解成“人文化成”一语的缩写。对一切已存在的自然现象加以观察、认识、了解，使之凝定为确定的知识，就是前引《易经》文中的“文明以止”的意思。人的自然行为化为礼行，自然秩序化为道德秩序。人不但能敬人爱人，也能敬物爱物。“观乎人文，以化成天下”，而约称之为“人文化成”，

---

① 《易·贲卦·彖传》。

② 《易经》。

或称之为“文化”。

文化一词在英文中表示为 Culture。Culture 源于拉丁文 Colere，原意指人之能力的培养及训练，使之超乎单纯的自然状态之上。十七到十八世纪，此概念的内涵有了相当的扩展，而重在指称一切经人为力量加诸自然物之上的成果。即：文化是指一切文化产品之总和，相当于前文所述之最后一层引申义。总言之，西方观念中之文化较偏于指人文之静态的客观存在，而较不重于指活动的创造。

二、中国传统商业文化的源与流

习近平总书记 2014 年 5 月 4 日在北京大学师生座谈会上曾经讲到：“中华优秀传统文化已经成为中华民族的基因，植根在中国人内心，潜移默化影响着中国人的思想方式和行为方式。”传统是一种历史的长期积淀，传统文化是一种相对永恒的东西。中华民族历史悠久，积淀了丰富的传统文化。同时，中国传统文化中蕴含着丰富的商业文化的基因，我们可以从中国传统商业文化的源与流中去进行探究。

1. 儒家思想中的商业文化

儒家文化是中华民族的宝贵精神财富，在建设社会主义市场经济体制的过程中，吸收其精华对于建构现代企业文化有着重要的时代价值：这有利于企业诚信文化建设，有利于企业树立“以人为本”思想，有利于企业正确处理义利关系，有利于企业正确选择可持续发展战略。

(1)“以人为本”思想。关于人，儒家思想有大量论述，中心思想是个“仁”字。孔子很注重“人”与“人际关系”，主张提升人的地位，强调人的作用。儒家文化重人、重信、重义、重情，企业文化应把诚、信、义、恕、让等伦理原则贯彻到商业经营中，以人为本，实行人性化管理，铸造团队精神，搞好协作，设法调动员工的积极性和创造性，关爱员工，重视“感情投资”，使其产生“报效企业”的感情和信念。儒家的人本思想，对我们进一步理解和丰富现代企业文化的内涵和本质特征，具有重要的现实意义。它可以为企业在改善领导、团结员工、开发人才、服务顾客、营造良好的企业内部氛围、协调内外关系等方面提供有益的启迪。

（2）正确处理义利关系。义利之辨是儒家思想的重要内容，有些人认为儒家只言义而不言利并不适合现代企业，但是，在我们看来，儒家更多的时候仍然还是重视利。只不过是在面对利的时候首先要反思其是否符合“义”。也就是要把义建立在利的上面。如“不义而富且贵，于我如浮云”[①]，“君子喻于义，小人喻于利”[②]，儒家文化重德多于重利，利以义制，以义取财，仗义疏财。在商不唯商，求利不唯利。义利关系还引申出义务高于权利，整体高于个体的含义，儒家强调商人的利益不能置于社会整体利益之上，反对为富不仁，利欲熏心，不择手段谋取利益。

（3）以诚为基。“诚”或“信”的本意是：真实，信用，信任。作为经济伦理原则的诚实守信，不同于社会一般性的诚信准则，它带有经济活动的特色。即商品要货真价实，质价相当。除此，在企业管理尤其是用人制度中，坚持“以诚待人，执事以信”的原则。这将有助于建立行业之间、单位之间以及人与人之间的互信、互利、互协、互帮的良性互动关系，从而有利于企业的良性发展，消解企业内部人际关系的紧张与人力资源的内耗和浪费。

（4）协和思想。儒家的“协和文化”对于企业树立可持续发展战略具有重要启迪价值。“和为贵”是儒家的重要思想。儒家文化对人与人之间的协调、和谐非常重视。我们知道，一个组织、一个企业，其内部和谐融洽，同心协力，这就是一种凝聚力、向心力，是一种团队精神和无形的力量，它对外与社会公众、与顾客和谐相处，“和气生财”，这也是一种竞争能力。现代管理文化从根本上说就是要营造这种内外关系和谐协调的局面。而儒家“和为贵”的思想正是反映了管理文化的本质，正是企业文化建设所要追求的一个重要目标。同时，儒家所倡导的人和思想，并非提倡盲目的无原则的一团和气。儒家文化的“天人合一”思想强调人、自然与社会三者的和谐统一。儒家不仅要求维护自然界的生态平衡，而且主张在

---

① 《论语·述而》。

② 《论语·里仁》。

自然与社会之间建立动态平衡，以求人类社会得以和谐均衡地发展。儒家还要求人们改变观念，使人从自然的征服者自觉地转变成合作者，正确处理经济开发与生态保护的关系。坚持物尽其用、天人合一的环保观，反对竭泽而渔式的资源破坏。人虽“最为天下贵”①，但其行为必须有“度”，要控制在自然与社会的可承受范围之内。儒家的这些思想对于今天树立可持续发展观，坚持人与自然和谐统一的发展战略具有极强的时代价值。

2. 道家思想中的商业文化

无为而治是我国传统文化的核心思想之一。《道德经》第五十七章中记载：“我无为，而民自化；我好静，而民自正；我无事，而民自富；我无欲，而民自朴。”② 这是《道德经》中最有名的篇章之一，也是老子“无为而治”的充分体现，他提倡以正治国，以无为的态度治理天下，被奉为治国之道，同时这种管理思想在现代企业管理中也发挥着重要作用。

“无为而治”不是一无所为，无所作为，而是不能违背道义，旨在要求统治者要顺物之自然，不做违背客观规律的事，尊重人的个性，让事物按照自身的特点与规律去发展，不横加干涉，不妄为，最终达到的目的就是“无为而无不为”。③ 千百年来，道家“无为而治”的哲学智慧被推崇和证实，在现代企业管理之中具有重要的指导意义。

华为在业界以注重制度和文化而著称。华为认为，制定一个好的规则比不断批评员工的行为更有效，它能让大多数的员工努力地分担自己的工作、压力和责任。1998 年 3 月正式出台《华为基本法》④，在华为的发展史上，这部基本法具有非同一般的影响力。它是中国第一部总结企业战略、价值观和经营管理原则的“宪法”，是一家企业进行各项经营管理工作的纲领性文件，也是制定各项具体管理制度的依据。“无为而治”的观点被导入《华为基本法》。《华为基本法》反映了华为的价值观，华为希望

---

① 《荀子·王制》。

② 《道德经》第五十七章。

③ 《道德经》第三十七章。

④ 《华为基本法》。

这些价值观能够保障华为成为一家基业长青的世界级企业。

3. 法家思想中的商业文化

相对于儒家的仁治、道家的无为而治，法家更强调法治。对于企业而言，就是要建立强有力的体系、制定合理的规章制度来进行管理，要求按规矩办事，不走人情关，等等。

（1）人性论。法家认为，“好利而恶害”[①] 或者“就利而避害”是人的本质属性，这也是法家主张刑治的理论基础和出发点。法家认为这种“趋利避害”的本质属性客观存在于每一个人身上。管子曾经说过：“夫凡人之性，见利莫能勿就，见害莫能勿避。其商人通贾，倍道兼行，夜以继日，千里而不远者，利在前也。渔人之入海，海深万仞，就彼逆流，乘危万里，宿夜不出者，利在水也。故利之所在，虽千仞之山，无所不上；深渊之下，无所不入焉。”《管子·禁藏》《商君书》中也多次提到人性，商鞅说：“民之性，饥而求食，劳而求佚，苦则索乐，辱则求荣。”[②] 韩非进一步发展了“好利恶害”的人性学说，他认为人与人之间是一种纯粹的利害关系，就连家庭成员之间也是如此，如丈夫对待妻子，是“爱则亲，不爱则疏”[③]，不存在“骨肉之恩”。[④] 就连骨肉至亲的父子，父女之间也是“产男则相贺，产女则杀之”。[⑤] 在君民、君臣关系上，更是如此，“君上之于民也，有难则用其死；安平则尽其力”“臣尽死力以与君市，君垂爵禄以与臣市。”[⑥] 法家认为，人人都好利而恶害，社会上每个人都在追逐名利，所以要使臣民服从君主的统治，法家认为靠怀柔的礼治手段是达不到的，只能重刑，以此来镇压人民的反抗，维护统治阶级的统治地位。“人生而有好恶，故民可治也。”[⑦] 而治民的手段无论是设赏还是立罚，都必须

① 《荀子·荣辱》。
② （战国）商鞅等．商君书［M］．章诗同，注．上海：上海人民出版社，1974．
③ 《韩非子·备内第十七》。
④ 《三国演义》。
⑤ 《韩非子·六反第四十六》。
⑥ 《韩非子·难一篇》。
⑦ 《商君书·错法》。

得有一定的标准和根据。于是，制定法，缘法而治是治国之根本。“人君不可以不审好恶。好恶者，赏罚之本也。夫人情好爵禄而恶刑罚，人君设二者以御民之志，而立所欲焉。”① 意即要设赏立罚，对顺应君主意愿的事予以奖赏，反之，则采用重刑，故“好利恶害”的人性学说也是赏罚并用的理论基础。唯有如此，才是真正的治国之道。②

（2）赏罚论。因为法家认为人人都有“好利恶害”的本性，“人性好爵禄而恶刑罚”③，所以道德教化是无济于事的，统治者只有针对这种人性，以法律规定设赏立罚才会有效。因而商鞅认为：“故立法明分，中程者赏之，毁公者诛之。赏诛之法，不失其议，故民不争。”④ 根据法令的规定，该赏的一定要赏，该罚的一定必罚，实际的赏罚一定要和法定的赏罚一致，符合赏罚的标准和刑罚的等级，赏罚公平，不论亲疏贵贱，一视同仁，做到“刑无等级，自卿相将军以至大夫庶人，有不从王令，犯国禁，乱上制者，罪死不赦”。⑤ 唯有如此才能取信于民。企业管理也正需要借鉴法家的这种思想。

4. 佛学思想中的商业文化

佛教是不同于其他宗教的一种讲求以人为本的宗教派别。我们一般认为宗教是相信和崇拜超人和超能力的，而佛教认为佛陀本身只是人类的一员，他将他的觉悟、成就及造诣，完全归功于人的努力与才智。人，而且只有人才能成佛，并且每个人都有成佛的潜能。修行的目标就是“明心”。因此佛教文化可以定义为一种“强调以人为本的，用以规范人的思想、行为的一种强有力的规则体系”。⑥ 佛教文化作为中华传统文化的重要组成部分，对于建立和完善企业文化可以发挥重要的借鉴作用。

（1）圆融的辩证法思想。佛教的众多经典中，都强调此岸与彼岸、现

---

① 《商君书·错法》。

② 杨玲. 先秦法家思想比较研究［D］. 浙江大学，2005.

③ 《商君书·错法》。

④ 《商君书·修权》。

⑤ 《商君书·赏刑》。

⑥ 刘林红. 浅论佛教文化对企业文化的借鉴作用［M］. 北京：华夏出版社，2007.

象与主体、全体与部分，乃至一多、大小、长短，隐显、成坏等对立与差别之间是相通互融的。如禅宗主张的人即佛、佛即人、世间即出世间、烦恼即菩提等也是一种圆融无碍的思想。这些辩证法思想不仅开导了人们的思维方法，拓展了人们的思维空间，而且提高了人们的思维能力，也为人们认识整个世界提供了一个全新的视角。佛教的圆融无碍观作为一种观点、一种方法、一种境界，体现了对待诸矛盾大而容之、圆而通之的精神，在当今多极化的社会里，仍然需要这种智慧和精神境界。在企业文化中，圆融包含两个重要思想：① 在企业方针政策确定之后，重要的是执行，但在实际运用中会出现这样或那样的问题，我们需要创造性执行，不能僵化，需要适度的灵活。② 在团队内部建立一种团结合作的思想，一个圆融的团队才是真正有执行力又不乏温情的团队。

（2）揭示了“诸行无常”[①] 这一永恒发展变化的规律。“诸行无常”说的是一切有为法，皆生灭变异，不可长往。“诸行”讲的是范围，意思是“一切”，“无常”是这句话的中心，意思是世界万物（包括人的生命）每一刹那都处在生灭变异之中，没有什么东西是常存不变的，相反，它们都是瞬息化、流变不止境的。无物不变、无时不变、无处不变，变化普遍存在于一切时间和空间之中。世间唯一不变的就是变化。[②] 对于企业来讲，一方面要将这种“诸行无常”的发展变化观运用到企业的经营管理当中。我们所处的市场环境时刻在变，市场需求在变、竞争对手在变、经济环境在变、宏观政策在变、世界格局在变，小环境变化、大环境也在变化。面对这纷繁复杂的变量，就要求我们的企业管理能够因时而变，因势而变，以变应变，以变制变。另一方面，要将这种“诸行无常”的发展变化观借鉴到企业文化建设中。企业的管理是一项复杂的系统工程，由于人的心理因素的多重性和外部环境的千变万化，价值观念的培养是一个微妙的具有柔性的心理过程，没有统一的标准模式可以遵循。

---

① 佛家的三法印之一。诸行无常是说一切世间法无时不在生往异灭中，过去有的，现在有了变异；现在有的，将来终归幻灭。

② 觉真. 佛教文化与现代企业管理［J］. 财富智慧，2006（1）：50—54.

(3) 提出了“诸法无我”[①]的大智慧和大境界。佛教认为，天地宇宙包罗万象的一切东西，其演化与运行遵循着自有的诸多大法，可谓“法网恢恢，疏而不漏”。[②]这些法有的至深至奥，有的至简至明，有的亘古不变，有的应运生灭。但无论怎样变化，万物都不可能脱离大法。要达到“合于诸法”就必须首先进入“无我”，因为“无我”而“法现”，因为“有我”则“蔽法”。佛法又讲“无我利他，普济众生”。[③]实际“无我”是人生的一种大境界和大智慧。古人说：“由无我，方能经世；由利生，方见无我。”意思是，心中破了“我相”，方能治理国事、世事；怎样才知道已经“无我”了呢？看看他所作所为是否已经利益众生和他人便知。

三、中国传统商业文化的内在价值

1.“诚信为本”的经营理念

“信”是宋明理学家提出的五伦之一，可见诚信在传统文化中的重要地位。儒家认为“诚信者，天下之竭也”[④]，主张真诚待人、诚实敬业、恪守信用、讲求信誉。“诚者，天之道也；诚之者，人之道也。”[⑤]“人而无信，不知其可也。”[⑥]贱买贵卖，获取利润是商人的基本目标或经营手法。中国古代商人不乏有唯利是图的奸商，但是廉贾也不少，而他们就是受到传统的儒家思想影响。“诚”是儒家伦理中具有积极意义的德目，也是中国交换伦理的重要典范。宋儒周敦颐在《通书》中写道：“诚者，圣人之本”，“诚五常之本、百行之源也。”[⑦]“诚”可以赢来商业信誉，引来更多的顾客。司马迁说：“贫贾三之，廉贾五之。”[⑧]他们的经营方针是“诚信

---

① 佛教三法印之一。
② 《老子》。
③ 《大道·无为》第二章。
④ 《管子·枢言》。
⑤ 《孟子·离娄上》。
⑥ 《论语·为政》。
⑦ 《通书》。
⑧ （汉）班固《汉书·货殖传》。

为本”，即通过树立“诚信无欺”的经营信誉赢得顾客。“诚信为本”的企业理念也可以被视为中国传统企业道德的核心。诚信是最高智慧，在市场经济环境中尤其如此。儒家认为：“在心为德，施之为行。”[①] 无德即无行。孔子认为“德”的基本内容是仁义，“君子义以为质，礼以行之，孙以出之，信以成之。”[②] 从长远看，企业和员工个人只有严守道德，做事讲求诚信，才能建立起长久的良好关系，在激烈的竞争中占据市场优势。有违诚信原则的企业不会长久，个人也难以有所发展。

2. “刚健进取”的奋斗精神

早在古老的《周易》中，就对刚健有为、积极进取、自强不息的精神作出了经典性的表述：“天行健，君子以自强不息。地势坤，君子以厚德载物。”《大学》中说：“苟日新，日日新，又日新。”这些都体现了中华民族勤奋拼搏、开拓进取的高尚精神，激励人们不断求变求新，在实践中碰撞出创新的灵感火花。刚健进取的奋斗精神是中华文化精神的重要内涵，是中国民族精神的象征。企业鼓励员工发扬刚健进取的精神，愈在挫折厄运面前，愈要有抗争的勇气和力量，愈要有坚韧的探索和持久的忍耐，为构建传承过去、面向未来的企业文化提供浓厚的文化积淀。

3. “辩证融通”的思维方式

如《老子·二章》提出：“有无相生，难易相成”；在《五十八章》中又提道：“祸兮，福之所倚；福兮，祸之所伏。”“居安思危”的忧患意识，如“生于忧患，死于安乐”[③]，如“先天下之忧而忧，后天下之乐而乐”等。企业发展是不可能一帆风顺的，所以企业发展更需要居安思危。这些传统文化与社会主义荣辱观以及21世纪中国典型的企业文化在很多方面是殊途同归的，千百年来，在实践中不断完善，代代传承。

---

① 《周礼注疏》卷十四。
② 《论语·卫灵公篇》。
③ 《孟子·告子下》。

4. “以人为本”的民本思想

“以人为本”就是以人为考虑一切的根本。企业的管理者要在企业中建立一种“以人为中心”的文化氛围，其含义包含三点：第一，“企业即人”。企业是由人组成的集合体，因此应以人为中心，把人的因素放在中心地位，时刻把调动人的积极性放在主导地位。第二，“企业为人”。办企业是为了满足人和社会的需要，并提高员工的物质和文化生活的需要，“企业为人”与“企业追求利润最大化”是对立统一的关系，当两者发生冲突时应舍弃后者而取前者。第三，“企业靠人”。企业文化建设的主体是全体员工，必须依靠全体员工的智慧和力量，实行全员参与，以调动每位员工的积极性，促进最终目标的实现。

5. “以和为贵”的和谐精神

“和”文化是中华民族传统文化的重要内核，认为宇宙万物只有处于整体的和谐状态，才能产生、存在和发展。《论语》载：“己所不欲，勿施于人”“己欲立而立人，己欲达而达人”，都要求人际交往时一定要“推己及人”。孟子认为：“天时不如地利，地利不如人和。”[①] 管子说：“和乃生，不和不生。”[②] 这些思想强调，人类社会顺应自然而存在，人顺应社会发展而存在，和谐是万物生存和发展的原则。

和谐精神是儒家思想的重要组成部分，也是构建企业文化、产生组织凝聚力的关键所在。具有和谐精神的企业文化要求企业管理者要比其他员工有更强的自律和自省意识，以身作则，并善于把个人价值的实现同企业的发展目标恰到好处地结合起来，在企业形成和谐的人际关系和工作氛围。和文化是调节人与人、人与社会之间矛盾，形成友好人际关系的一剂“良药”。它不仅注重人与自然界的和谐，而且注重人与社会、人与人以及人自身的身心和谐。和谐的劳动关系和人际关系是增强企业的凝聚力和向

---

① 《孟子·公孙丑下》。
② 《管子·内业篇》。

心力的必要条件。当前，西方文化对我国的影响越来越大。企业作为参与全球化的一分子，必须保持清醒的头脑，始终把中华民族灿若星河的优秀文化作为企业文化建设的思想源头，展现传统文化的包容性和独特性，弘扬和谐共赢思想，对内形成凝聚力，对外形成吸引力，创造融洽、愉快的工作环境和生活环境。

6. “同心协力”的团队精神

《周易·系辞上》载：“二人同心，其利断金；同心之言，其臭如兰。”《吕氏春秋》载：“万人操弓，共射一招，招无不中。”儒家文化处处蕴含着“众人拾柴火焰高”“人心齐，泰山移”的思想，强调同舟共济、荣辱与共的团队精神，崇尚集体利益高于个人利益，个人利益必须服从整体利益。注重和谐与合作是中国传统文化的一个基本精神，孟子在国家事务管理方面提出上下和谐的思想，阐述了“天时不如地利，地利不如人和”的著名命题。

对于现代企业而言，建立一种“和合”的文化氛围，对它的各项发展都有重大的意义。将“和谐合作”的思想方法运用到企业管理，就要求全体员工相互配合、相互协调，“求大同，存小异”，提高企业的运行效率。因此，植根于传统文化浓厚底蕴基础上的文化与现代企业制度一旦结合起来，企业内部就会形成人人都是主人翁的向心力，为企业的良性运转提供强有力的保证。同心协力是一种“粘合剂”，可以使员工目标明确、步调一致。团队协作文化要求，员工时刻不忘企业的整体利益，以患难与共、相互协作为荣，强调爱岗敬业、无私奉献。同时，企业要建立健全协作机制，让所有员工人尽其才，找到自己在企业中的坐标，在此基础上实现成员之间的优势互补，将个人、部门的小目标融入企业的总体目标，将个人、部门的眼前利益融入企业的长远利益之中。

7. “崇德重义”的商业伦理道德

我国的传统文化高度推崇道德和道义在人类生活中的地位和作用，《周易》中“地势坤，君子以厚德载物”就是这个意思。传统的企业理念体现在企业道德行为上就是“价实”“货真”“量足”“守义”，这既是企业的伦理道德观念，也是企业的行为准则。“价实”是指商品价格公道，历代把“口不二价”作为经营者的美德；“货真”是商品质量优良。《礼记·王制》云：“布帛精粗，不中数，幅广狭不中量，不粥于市。”就是说经营者必须对消费者负责，保证商品质量；“量足”是指商品计量准确，这里不仅是说商品绝对数量的足量，还指计量单位的统一；守义，是谈经商作风，也是一种企业风尚。中国传统道德观是“见利思义”“义然后取”“信义不欺，一诺千金。”企业文化浸润了传统文化思想。我国商业伦理产生最早，其中最重要的规范就是“勤”“俭”“察”。《尚书·大禹谟》曰：“克勤于邦，克俭于家。”顾炎武在《肇城志》中曾经说道：“新都勤俭甲天下，故富亦甲天下。”“察”即精明，也是商人、商业企业必须具备的企业文化素质，故有“贾以察尽财”之说，商人必须以聪明智慧而赢得财富。

8. 重“义”轻“利”的经营价值观

儒家文化是中国封建社会占统治地位的文化思想，其实质是伦理文化，道义文化，强调以“仁、义、礼、智、信”等价值观念来调节人们的行为和利害冲突。因此，在企业文化的价值取向方面，占统治地位的必然也是重“义”轻“利”的企业价值观。孔子说“君子明得大义，小人只懂财利”。[①] 汉代大儒董仲舒也说“要重视道谊，不谋利益，不计功利”。[②] 把“德本才末”的基本价值取向进一步落实到行动上，儒家反复告诫人们“摆正”义利关系，要使个人的行为与仁义、道德、道义相符，而不计较功利或物质利益。这种重“义”轻“利”的企业价值观对我们企业的发展产生了深远的影响。

9. 爱护他人和社会的担当精神

“仁者爱人”“兼相爱，交相利”都是强调对他人的关爱。中国传统文

---

① 《论语·礼仁》。
② 《汉书·董仲舒传》。

化认为，真正的个人幸福，必然是与他人及社会整体的福祉相连。传统文化中倡导的“天下兴亡、匹夫有责”，都是强调把个人的能量和才智运用到对整个社会幸福的追求之中。

10.“爱国奉献”的家国情怀

中国古代商人经商致富后，大都能周济贫困农民，处理好自己与国家之间的关系。《史记·货殖列传》记载：“西汉商人卜式曾捐款二十万，赈济徙民。”明代倭寇入侵，在抗倭斗争中，商人颇多尽力。《倭寇考略》记载：“商人文士有资者，捐金助饷以备倭，如陆镌，上海人，捐金十万助倭饷。”我国古代商家的优良传统正是通过商人的行为而表现出来，富好行德，周济贫民，捐赠国家，乐施于民成为商人的美德，正确处理国家、社会与个人的利益关系是商人的道德行为准则。

这一点在中国近现代体现得尤为强烈。近代中国的经济及历史现状，决定着强烈的民族爱国意识是中国近现代企业文化的主流意识，主要表现在“实业救国”“主人翁精神”等。近代民族资本家荣氏兄弟、新中国成立后鞍钢的孟泰、大庆油田的王进喜等就是典型代表。在中国传统企业文化中，不是制度文化起主导作用，而是观念文化即意识形态起主导作用。民族资本家兴办企业其经营往往不单纯为了经济目的，在很大程度上是受意识形态的影响，如荣氏兄弟、张元济等把“实业救国”作为其兴办企业的最高目标。正是这种传统美德为我国后来的企业树立了榜样，也使我们看到了传统企业文化的宝贵价值及其生命力。

四、企业家精神内涵

1.“精神”的内涵

据《黄帝内经》，“精”指“精气”“精液”。人熬米粥，上面清且透明之汁，可以滋养身体，古代医学认为是谷米之精的作用。象而喻之，又称生命之源曰“精”。《素问·金匮真言论》：“夫精者，身之本也。”《灵枢·平人绝谷》：“神者，水谷之精气也。”《素问·经脉别论》：“饮入于胃，游溢精气。”《素问·上古天真论》：“丈夫……二八肾气盛，天癸至，精气溢泻。”其他如《管子·水地》所谓“男女精气合而水流形”，《易传·系辞》所谓“男女构精”，亦是此意。“神”，表示神灵之神。原始人看见电光闪烁于天，不可理解，以为是一种神秘力量的表现，于是产生敬畏之心，顶礼膜拜。

在哲学上把“精”和“神”联系起来，表示意识、思维活动。

（1）老子的《道德经》中有这样一段话：“道之为物，惟恍惟惚……窈兮冥兮，其中有精；其精甚真，其中有信。”“其中有精”和“其精甚真”，讲的是精气的存在及其真实性。“信”字，历代注家多无说。王弼曰：“信，信验也。”老子在这里对他的“道”进行客观的描述，“与人无涉，与信无涉”。“道”本身里面有什么“信验”和“不信验”的特征呢？此“信”，乃是“伸”之借字，当读为“神”。《礼·含文嘉》曰：“神者，信（伸）也。”《易传·系辞》“往者屈也，来者信也”，“信”即是“伸”。汉字古无偏旁，“申”“伸”“神”本可互通。“其中有信”是说其中精气有活动、有变化，“伸”之意也。这种变化是“精”之“伸”，也就是精神。

（2）《庄子·天下》篇曰：“以本为精，以物为粗，以有积为不足，淡然独与神明居。——古之道术有在于是者，关尹、老聃其风而悦之。”“以本为精”即“以道为精”，至少也是“道中有精”，“与神明居”意为同“神明”合一。此“神明”，当然是“道”之“神明”。因此，“与神明居”，也就是“体道”之“精神”。《韩非子·解老》篇反复说“圣人爱精神而贵处静”，“圣人爱宝其神则精盛”。

（3）《史记·太史公自序》：“道家使人精神专一，动合无形，赡足万物。”

（4）清·刘大櫆《见吾轩诗序》：“文章者，古人之精神所蕴结也。”

（5）孙中山《军人精神教育》：“至于精神定义若何，欲求精确之界限，固亦非易，然简括言之，第知凡非物质者，即为精神可矣。”

3．“企业家精神”内涵

企业家精神是指企业家在所处的社会、经济体制下，从事工商经营管理的过程中，在激烈的市场竞争中和优胜劣汰的无情压力下形成的心理状态、价值观念、思维方式和精神素质、精神特质。

企业家精神具有主体性、制度性、实践性、继承性、动态性五个基本特征。主体性指企业家是企业经营活动的主体，企业家能够自主地、积极地、创造性地从事商业活动，从而对企业的发展起决定性作用。制度环境是企业家精神的重要保障，开放、包容、鼓励创新创业、市场化的环境与机制可以培育好的企业家。实践是企业家精神的重要源泉，企业家通过“干中学”的方式，通过市场的考验磨炼企业家精神，锻造企业家才能。企业家精神具有继承性，其继承了民族文化与精神品质、企业文化与传统习惯、个人价值观与精神特质。企业家精神具有发展的动态性与鲜明的时代性，它以民族文化与精神为底色，依据时代背景，不断创新，与时俱进。

五、中国历史上主要商帮的企业家精神

1．晋商及晋商企业家精神

晋商指明清500年间的山西商人。晋商经营盐业、票号等商业，尤其以票号最为出名。晋商也为中国留下了丰富的建筑遗产，如著名的乔家大院、常家庄园、曹家三多堂、王家大院，等等。

晋商的历史虽然可以追溯到周朝的晋唐时期，但真正崛起于明代（1368—1398）。到清朝中叶，山西商人逐步适应金融业汇兑业务的需要，由经营商业转向金融业发展，咸同（1851—1874）时期山西票号几乎独占全国的汇兑业务，成为执全国金融牛耳的强大商业金融资本集团，并形成山西“北号（票号）南庄（钱庄）”两大晋商劲旅，至清乾隆、嘉庆、道光时期已发展到鼎盛时代。

山西人素有商业头脑，晋商是中国商业的一个独特现象，晋商企业家

精神则是晋商文化的精髓。山西人在从事商业经营活动中，进一步将晋商文化与商业经营融会贯通，形成了晋商之魂——晋商企业家精神。凭借晋商企业家精神，晋商雄踞商界500多年，塑造了“生意兴隆通四海，财源茂盛达三江”的传奇故事。晋商企业家精神已深入贯穿到晋商的经营意识、组织管理和心智素养之中，主要包含：仁义、诚实、守信、创新精神、吃苦耐劳、进取精神、敬业精神、团结精神、爱国精神等。

（1）晋商立业之根本：仁义、诚实、守信。晋商信奉关公，将仁义、诚实、守信奉为处世之原则，内化于心。比如在1900年，八国联军攻占北京，北京城中许多王公贵戚、豪门望族都随着慈禧、光绪逃往西安。由于仓皇，这些人甚至来不及收拾家中的金银细软，他们随身携带的只有山西票号的存折，一到山西，他们纷纷跑到票号兑换银两。山西票号在这次战乱中损失惨重，它们设在北京的分号不但银子被劫掠一空，甚至连账簿也被付之一炬。没有账薄，山西商人就无从知道什么人在票号里存过银子，更无从知道储户到底存了多少银子。在这种情况下，山西票号原本可以向京城来的储户言明自己的难处，等总号重新清理账目之后再做安排，这样的要求可以说合情合理。因为来取银子的难民刚刚经历过京城的兵灾，很多人甚至是亲眼目睹了票号被劫掠的情况。但是，开中国银行业之先河的日升昌票号没有这么做，以日升昌为首的所有山西票号都没有这么做。他们所做的是只要储户拿出存银的折子，不管银两数目多大，票号一律立刻兑现。山西票号这样做，无疑是承担了巨大的风险，面临众人的挤兑，再加上真假难辨，在这种局面下，票号经营者稍有不慎，就可能使自己的生意陷入灭顶之灾。但他们秉着仁义、诚信、守信的原则，树起了自己的金字招牌。

（2）晋商企业家精神之内核：创新精神。凭借突出的创新精神，晋商突破技术的限制，在人迹罕至的大草原、戈壁滩开拓出商路。依靠卓越的创新能力，晋商在广阔地理范围内与收入各异、偏好各异、风俗各异、语言各异的不同社会群体间实现利人利己的各种市场制度安排。凭借出色的创新意识，晋商突破质押、抵押放贷的限制，成功创立了印局、账局、票号等不同业态的金融机构，将信用放款的作用大大发挥。晋商依靠卓绝的创新能力，进行股权制度创新，实现“独资制—贷金制—朋合制—伙计制—股俸制”[①] 的企业组织制度变迁，突破商号经营管理的困境，纵横商界500年。

（3）晋商成功的支柱：吃苦耐劳。明朝时期，尽管山西人素来勤奋，但由于山西人口众多、土地贫瘠、自然灾害频发，粮食极其匮乏，农民仍难以生存。所以，大量山西人十四五岁便背井离乡，北上创业闯天下，现在人们常说的走西口[②]指的就是这部艰苦奋斗的创业史、心酸的移民史。据史料记载，在走西口的路途上，尸骨随处可见。一是因为路途艰辛，黄沙飞满天；二是在人迹罕至、土地荒芜的大地上，分不清方向，大量人迷路，最终饿死。但也有部分走出去，成功开拓至内蒙古、蒙古国、俄罗斯的商业贸易之路。比如，至今还流传着对山西乔家富商“先有复盛公，后有包头城”的佳话。

（4）晋商本色：自强不息。“天行健，君子自强不息。”是晋商的真实写照，晋商靠着其自强不息的进取精神，白手起家而成大业。著名的“大盛魁”商号，其创始人之一山西太谷人王相卿，幼年家贫，为生活所迫，曾为人佣工，在清军费扬古部充伙夫，服杂役，后来与山西祁县人张杰、史大学一起随营贸易，先是肩挑负贩，拉骆驼，后在乌里雅苏台、科布多开“吉盛堂”商号，其后改名为“大盛魁”，几经磨难，终于白手起家，到雍正时大盛魁已经是一家具有相当规模的票号了。

（5）专于商：敬商、爱商。晋商非常敬业。敬，原是儒家哲学的一个基本范畴，孔子主张人在一生中始终要勤奋、刻苦，为事业尽心尽力。

---

① 股俸制又称股份制，股俸有正本、副本之分。正本指东家的合约投资，每股几千银两至一万银两不等，但无股息，股东按股分红；副本又称护本，是股东除股本外存放在票号的银两，只得利息，并无分红，但也不能随意取回。银股指东家投入的银两所占的股份；身股又称顶生意，掌柜等人通过自身人力资本而获得的股份。银股既参与分红，也须负亏损责任，但身股只参与分红，用于激励掌柜等票号管理人员。股俸制是晋商发明用于票号经营的一种股权制度，开创了委托代理的先河。

② 走西口是“中国近代史上最著名的五次人口迁徙”事件之一，从明朝中期至民国初年四百余年的历史长河中，无数山西人、陕西人、河北人背井离乡，打通了中原腹地与蒙古草原的经济和文化通道，带动了北部地区的繁荣和发展。狭义的西口指长城北的口外，包括山西杀虎口，陕西府谷口，河北独石口。

《论语》中有“执事敬”“事思敬”“修己以敬”等语。晋商专心于商，醉心于商，且敬业刻苦。杨时编写的《杨氏家谱》称：“天地生人，有一人莫不有一人之业；人生在世，生一日当尽一日之勤。业不可废，道唯一勤。功不妄练，贵专本业。本业者，所身所托之业也……努力自强，无少偷安，则人力定可胜天！安在今日贫族，且不为将来富矣！”可见，晋商思想专一，将商业作为其本业，为之持之以恒地奋斗。

（6）团结的晋商：天下晋商一家亲。晋商相同的精神信仰和晋商的会馆组织，造就了天下晋商一家亲。首先，关公是信义的化身，晋商信奉关公，坚决摒弃“见利忘义”“不仁不义”等不良动机，以信义规范行为，同仁之间异常团结。其次，晋商在各地建立山西会馆。据不完全统计，晋商在各商埠建立会馆至少500处以上。会馆的作用主要是：联乡情、维护同乡或同行商人利益，举办祭祀、聚会演戏及各种庆典活动场所。会馆加强了同乡商人之间的情谊，使晋商更加团结。

（7）心怀天下的家国情怀。晋商饱含家国情怀，对社会发展有强烈的责任感，热心公益，热爱教育，把国家富强、民族振兴视为己任。在民族危亡之际，晋商们并不只是逐利商场，而以立志救国为己任，探索实业救国之路。晋商以商报国的事例多之又多，比如，渠本翘开办了双福火柴厂，全心全意、艰苦卓绝地为国家经济的发展拼搏努力，成为一位民族工业的先驱，推动了山西民族工业的发展。甲午战争后，民族危亡迫在眉睫，他萌生了“教育救国，兴学育人”的思想。渠本翘外出日本担任过清朝驻横滨领事，也曾担任山西大学第三任校长。他还拿出渠家数年积攒的白银创办了祁县学校，乔致庸等商界同仁也慷慨赞助。

2. 徽商及徽商企业家精神

徽商来自徽州，包括歙、休宁、婺源、祁门、黟、绩溪六县，即古代的新安郡。徽商经营行业以盐、典当、茶木为最著，其次为米、谷、棉布、丝绸、纸、墨、瓷器等。其中婺源人多茶商、木商，歙县人多盐商，绩溪人多菜馆业，休宁人多典当商，祁门、黟县人以经营布匹、杂货为多。

徽商始于南宋，明代中叶以后迅速发展，清末逐渐衰落。南宋时期，祁门程承津、程承海兄弟经商致富，分别被人们称为“十万大公”“十万二公”。朱熹的外祖父祝确经营的商店、客栈占徽州府的一半，人称“祝半州”。随着资本的积累，徽商不再满足于利润较小的商品，他们开始寻求进入利润丰厚的盐业领域。成化年间，徽商相继打入盐业领域，一向以经营盐业为主的山西、陕西商人集团受到严重打击，于是徽商以经营盐业为中心，雄飞于中国商界。明代中叶以后至清乾隆末年的300余年，是徽商发展的黄金时代，无论营业人数、活动范围、经营行业与资本，都居全国各商人集团的首位。清乾隆末年，封建统治日趋没落，课税、捐输日益加重，徽商处境愈来愈困难，故逐渐败落。

徽商打造了“无徽不成商，无徽不成镇”的辉煌。徽商正是凭着他们特有的企业家精神，从无到有，从小到大，乃至于发展为雄视天下的大商帮。

徽州特定地域的经济、文化、社会环境的良性循环，形成了极富特色的徽商文化。徽商企业家精神是徽商文化的核心，主要包括：以“贾而好儒、贾儒结合”为本质特色，以吃苦耐劳、敬业进取的“徽骆驼”精神、“绩溪牛”精神为支柱，以诚实、守信、以义取利的贾道为基石以及以拼搏进取、开拓创新创业精神为核心，以卫国安民的爱国精神为重要保障。

（1）以“贾而好儒、贾儒结合”为本质特色。对于“贾而好儒、贾儒结合”的徽商而言，“贾为厚利，儒为名高”是不言而喻的。明清徽商在“儒风独茂”和“科举仕宦”蔚然成风的双重深刻影响下，自然无法摆脱“官本位”价值观念的羁绊，以儒为本，以贾为用，科举仕宦，光宗耀祖必然是其终极追求。而且，这种阶级的利益植根于徽商的内心深处是挥之不去的。徽商之中“先贾后儒”“先儒后贾”或“亦儒亦贾”者，俯拾即是。“贾而好儒”的本质是“读书穷理”和“为子孙计”。通过“读书穷理”，从书海中汲取智慧和营养，为在商海中游刃有余；而一旦经商致富，不惜斥巨资回流资助和兴办家乡文教事业，绝大多数徽商把“振兴文教”作为他们毕生的执着追求。

（2）以吃苦耐劳、敬业进取的“徽骆驼”精神、“绩溪牛”精神为支柱。徽州地处皖南崇山峻岭之中，四面群山环绕，层峦叠嶂，河流交叉，长期以来一直处在一个相对封闭的地理环境中。这里可耕土地非常少，素有“七山半水半分田，两分道路和庄园”之称，正是在这种地少人多、农耕环境恶劣的情况下，造就了一群群“徽骆驼”和“绩溪牛”。[①] 史料中记载“徽之俗，一贾不利再贾，再贾不利三贾，三贾不利犹未厌焉”。徽商对商业的执着与专注，在中国商业史上极为罕见。不少徽商外出经商后，为了获得商业上的成功往往与家人一别数载至十几载，有的甚至一生“独在异乡为异客”。异地的陌生、商途的艰险、商海的沉浮、精神的折磨等，铸就了徽商吃苦耐劳、坚忍不拔、拼搏进取、勤勉俭朴、敬业专注的创业精神。在徽州，“徽骆驼”精神、“绩溪牛”精神世代传承，不知成就了多少徽州名商大贾和科举仕宦。

（3）以诚实、守信、以义取利的贾道为基石。徽州素称“文献之邦”“礼让之国”，儒家的思想道德在徽民的心目中占有崇高的地位。徽商打小深受儒家“诚实守信、仁义智和”伦理思想的影响，并内化为一种行为准则，规范自己、启迪他人，并在长期的经商创业中恪守诚信为本的商业伦理，形成了“诚信不欺”的商道。明清徽商之所以称雄中国商界三百余年，讲的就是“诚”“信”“义”。徽商在他们发展过程中始终高举“诚信”旗帜，本着先义后利、义中取利的心态走进市场，博得了广大消费者的欢迎，使他们在瞬息万变、风云诡谲的商场上立于不败之地。徽商吴南坡以“宁奉法而折阅，不饰智以求赢”和“人宁贸诈，吾宁贸信”作为经商原则，他所出售的东西不仅有质的保证，而且有量的保证，真正做到了童叟无欺，因此购买了他的商品的消费者从来是买了就走，从不担心多少或好坏问题，可见他的信誉之高。清末徽商胡开文墨店发现有批墨锭不符质量要求，老板胡余德发现后立即令所属各店停止制售此墨，并将流向市场的部分高价收回，倒入池塘销毁。为保证商品质量，提高信誉，徽商宁可牺牲自己利益，也不愿用劣质产品坑害他人。

---

① “徽骆驼”和“绩溪牛”是对徽商的赞誉，指的是走出家乡四处经商的徽州商人，他们迫于生计，不得不从小背井离乡，外出经商。

（4）以拼搏进取、开拓创新创业精神为核心。首先，徽商突破了地域限制，走出去，善于变危机为转机。明清时代，就在全国多数山区农村仍然保持闭锁的自给自足的经济形态时，徽商却“以贾代耕”，足迹遍布半个宇内了。这不仅需要勇气、智慧，更要有创业精神。为了在商海中立于不败之地，一方面，徽商充分借助本地域强烈的宗族观念，在商业组织上，构建起以血缘为核心，以血缘与地缘相结合的互利互助的商业网络，形成稳固的商帮；另一方面，徽商将徽商文化“贾而好儒”的特色运用到极致并形成良性循环，成为一支高文化素质的商帮群体，并在商贾活动中将儒家文化发挥得淋漓尽致，用儒家的思想道德伦理规范自己，影响他人，获得商界的赞誉和信赖。同时，徽商不断吸收异地文化之精华，从而使自身文化充满活力，蓬勃发展。徽商成为商品经济发展和全国性市场形成的开拓者、排头兵，无疑是由璀璨的徽商文化铸成的。另外，徽商冲破了传统“重农抑商”观念的桎梏。重农抑商一直是我国封建统治者长期实行的一项基本政策。朱元璋建立明王朝后，对于这一封建政策仍然固守不变。正是基于这样一个事实，明代歙人汪道昆对传统的“重本抑末”① 进行了强有力的批判。他在《太函集》中指出：“窃闻先王重农抑商，因此，薄农税而重征商，余以为如此不妥，商、农本同等重要，应平等对待，交相重矣。”汪道昆的这种商、农“交相重”的思想，道出了徽商的心声，是为维护商贾利益而发的，从根本上批驳了“士农工商”的传统观念。

（5）以卫国安民的爱国精神为重要保障。徽商们秉承“国家兴亡、匹夫有责”的信念，无时无刻不站在国家的角度从商、经商、营商。他们以科教兴家、兴国之理念，开办学堂书院，传播知识及培养人才。在祖国遇到危难之际，他们更是冲在救国、兴国的最前线，出钱、出人、出力，抵御外辱。

3. 潮商及潮商企业家精神

潮商也称潮汕商帮、潮州商帮，发源自中国南方沿海的广东省潮州府

---

① “重本抑末”意指中国历史上主张重视农业而限制或轻视商业的一种经济思想和政策，本指农业，末指商业。

(今潮汕地区)，属中国纯粹的民商和海商，具有海洋性格、海洋文化的华人商帮，被誉为红头船商帮，是一支具有世界性的商业群落，20 世纪初便被泰国国王誉为“东方犹太人”。

潮商形成于唐朝后期，兴盛于宋元明清，是中国近现代史上最具影响力和生命力的著名商帮。在唐代，潮州是我国海上丝绸之路的重要始发港，宋代便有外商到达并经常性往来潮州通商，从明朝开始，汕头就成为“互市之地”。初期，潮商只包括“三阳”，即海阳、揭阳、潮阳，在清乾隆三年（1738）丰顺建县时期，潮商达到鼎盛时代，“潮州八邑”名噪四海，并成为潮商的代名词。潮商经久不衰，如今主要分布在广东省汕头市、潮州市、揭阳市、丰顺县，香港、澳门、台湾，海外的南洋、西欧、北美、澳洲等沿海地区和国家，当代潮商代表人物有李嘉诚、林百欣、谢国民、陈弼臣、马化腾等。

潮商文化是以海洋文化为基础，融合儒家传统文化而形成的。“靠山吃山，靠海吃海。”濒临大海的潮商，在“海洋经济”的发展中学会了贩鱼、贩盐等最基本的谋生技能，也在生产经营中形成独特的海洋文化。海洋文化是开放的、流动的、敢于拼搏和冒险的，饱含持续创新的精神、奋斗精神和合作精神。在商业经营的历史长河中，潮商受儒家文化的濡染浸润，呈现出强烈的尊儒重礼、爱国、诚信等多元化特征。总的来说，潮商善于创新、勇于开拓、敢于冒险、艰苦奋斗、团结合作、爱国、诚信。

（1）“有潮水的地方就有潮人”：勇于开拓、敢于冒险、善于创新。潮商创新意识较强，能够迅速识别市场中的机遇或创造机会，产生创新想法，凭借勇于开拓、敢于冒险的精神，将新想法付诸实践。这主要体现在两方面：第一，从地理空间看，潮商遍布全球。无论在国内还是国外，只要他们嗅到商机，他们敢于跨地区、跨国家开启创业征程。第二，从行业领域看，不管是地产发展、码头经营、家电零售、服装零售，还是流动通信服务，潮商都能灵活变通，不断创新，变中求胜，为企业打造强大的核心竞争力。

（2）“三分天注定，七分靠打拼”：艰苦奋斗精神。潮商会为人生目标而坚持不懈地奋斗，他们坚信三分天注定，七分靠打拼。早在几百年前，就有潮汕商人驾着红头船漂洋过海，在海外历尽千辛万苦，从事远洋贸易，打拼自己的事业。

（3）“天下潮人一家亲”：团结合作精神。潮商一直固守这一传统：在家乡，同族的人一起祭祖拜神，互相接济提携；在外地，又有“天下潮人一家亲”之说。当一个潮人漂洋过海到异国他乡时，首先想到的是投靠自己最信得过的亲戚，而后者也会义不容辞地接纳他；就是非亲非故，只要是说潮州话的，也自然而然会得到援助。20世纪初起，海外潮团组织纷纷成立，潮人以共同的地域单位和共同的方言为纽带联结起来，实行团结互助和自我治理，帮助新来的同乡解决食宿，推荐就业，助贫治病，为其在新环境中提供平安落脚点。正是共同的血缘、地缘联系着海内外潮人，使他们合作求存而不曾失去自己的根。团结互助是潮商生存发展的重要原因之一。

（4）心系祖国的爱国精神。爱国爱乡是中华民族的优良文化传统，海内外潮商秉承这一优良文化传统。历史上因生活所逼而离乡背井到海外谋生的潮商，他们思念家乡，关心国家安危，关心国家的发展，关心国家革命与建设。他们以绿叶对根回报之浓浓深情，不遗余力地支持国内革命活动，支援国家和家乡的建设。无论是辛亥革命还是抗日战争、解放战争，张永福、林义顺、许雪秋、蚁光炎、郑松涛、许英等海外潮商，在国家与家乡危难之时，他们都挺身而出，毁家纾难，慷慨解囊，捐资助饷，大力支持祖国与家乡的革命活动，甚至献出自己宝贵的生命。在社会主义建设与改革开放时期，谢易初、谢惠如、李嘉诚、陈伟南、方秋潮、张章笋等海内外潮商以高度的责任感和使命感，以饱满的爱国热忱、爱乡热情，纷纷回国回乡参加建设，出资出力，无私奉献。他们建学校、办医院、创慈善基金、筑大桥、修道路……拳拳赤子之心，感人肺腑、名垂青史。

（5）求诚立信的经商原则。潮商在经商活动中，讲究求诚立信，形成了注重信用、信誉的商业道德。潮商始终恪守这一准则，坚信以诚信赢得市场。早在明清时期，潮商海上贸易兴起，其中大多数生意规模大，不得不采用借贷经营的方式交易。在那个传统商业活动未能得到法律保护的年代，信义发挥着至关重要的作用，否则无法达成这种特殊的交易方式。随着现代化发展，诚信深深扎根在每位潮商的心里，成为潮商经久不衰的重要原因之一。

4. 宁波商帮及宁波商帮企业家精神

宁波商帮，是指宁波府的商人，以血缘姻亲和地缘乡谊为纽带连接而成的商业集团，是一个盛行于国内和海外的商帮。宁波商人外出经商历史悠久，但大规模经商、并且结成商帮则为时较晚。鸦片战争后，尤其是民国时期，宁波商帮中新一代商业资本家脱颖而出，把商业与金融业紧密结合起来，从而使宁波商帮以新兴的近代商人群体的姿态跻身于全国著名商帮之列。他们所经营的银楼业、药材业、成衣业、海味业以及保险业，也是名闻遐迩。

宁波商帮极具开拓创新创业精神，能够抓住机遇。宁波商帮形成的时间较晚，但其发展势头却非常之快。他们的活动区域不断拓展，最终形成“四出营生，商旅遍于天下”的局面。宁波商帮不仅善于开拓活动地域，还善于因时制宜地开拓经营项目。他们的致富之道非常有特点，也非常实用：以传统行业经营安身立命，以支柱行业经营为依托，以新兴行业经营为方向，而往往一家经营数业，互为补充，使自己的商业经营在全国商界中居于优势地位。

5. 龙游商帮及龙游商帮企业家精神

当徽商、晋商在商场争雄之时，冷不防在浙江中西南部崛起一个颇有影响的龙游商帮。历史上所称的龙游商帮，实际上是衢州府商人集团，其中以龙游县商人人数最多，经商手段最为高明，故冠名龙游商帮。

龙游商帮虽地处偏僻，却有着开放的心态，在观念上也比较新潮。主要表现在投资上的“敢为天下先”精神和“海纳百川”的肚量。明清时期，许多商人将经营商业所赚得的资金用来购买土地或者经营典当、借贷业，以求有稳定的收入。而龙游商敏锐地意识到，要获得更多的利润，必须转向手工业生产和工矿产业。他们果断地投入纸业、矿业的商品生产，或者直接参与商品生产，使商业资本转化为产业资本，给当时封建社会注入了带有雇佣关系的新生产关系。龙游商人还不排斥外地商帮对本乡的渗透，吸收外地商人于己帮，并且相处友善，推进了龙游商帮的发展。

龙游商人虽然出自偏僻之地，既无官府支持，又无强大的宗族势力作坚强后盾，但他们却能在强手如林的各大商帮中崛起，自立于商帮之林。

6. 洞庭商帮及洞庭商帮企业家精神

几乎就在龙游商帮兴起的同时，另一个商帮在中国的洞庭湖上不知不觉地兴起了，那就是洞庭商帮。当年范蠡财色尽得，泛舟五湖，引起多少人的艳羡。他经商成功，一定给太湖、洞庭湖流域的人们留下了深刻印象。

审时度势，把握时机，这是聪明商人的做法，洞庭商人就是这样聪明的商帮。洞庭商人没有与徽商、晋商在盐业和典当经营上争夺市场，而是扬长避短，稳中求胜，利用洞庭湖得天独厚的经商条件贩运米粮和丝绸布匹。他们不断更新观念，开拓经营新局面，向外部世界发展。尤其在鸦片战争后，在作为金融中心的上海，洞庭商人利用自己的“钻天”之术，开辟了买办业、银行业、钱庄业等金融实体和丝绸、棉纱等实业。他们从事着不同于以往的商业活动，由此，洞庭商帮产生了一批民族资本家，走上了由商业资本向工业资本发展的道路。

洞庭商人十分讲究具体的经营手段，而这些手段看起来非常符合现代经商的要求。洞庭商人非常注意市场信息，时常预测行情，在经商过程中，洞庭商人会根据市场行情与商品交换的情况而改变自己的经营策略，不拘于成见，只要有利就行。洞庭商人还会根据当地实际情况，比如商人资金和民风特点，因地制宜地采取独特的经营方式。

7. 江西商帮及江西商帮企业家精神

江西商人绝大多数是因家境所迫而负贩经商的，因此，小本经营，借贷起家成为他们的特点。他们的经商活动一般是以贩卖本地土特产品为起点，而正是江西商人这些独特的背景，使得江西商帮具有资本分散，小商小贾众多的特点。除少数行业如瓷业比较出众外，其他行业与徽商、晋商等商帮相比经营规模就显得相形见绌，商业资本的积累也极为有限。当代著名作家沈从文在他的作品中，就曾经这样描述江西布商：“一个包袱一把伞，跑到湖南当老板。”另外，江西商人浓厚的传统观念、小农意识也影响到他们的资本投向，只求广度，不求深度。所以，尽管江西商人人数众多，涉及的行业甚广、经营灵活，但往往在竞争中容易丧失市场。

江西商人讲究“贾德”，注重诚信是江西人质朴、做事认真的性格的一个外在反映，也是江西人头脑中中国传统儒家思想的自然流露。江西商人还善于揣摩消费者心理，迎合不同主顾的要求。总之，以销售尽手中的商品和捕捉商机为原则，这是江西商人发财致富的经验总结。

8. 福建商帮及福建商帮企业家精神

福建商帮的兴起，一开始就与封建政府的官方朝贡贸易和禁海政策针锋相对。内外勾结的贸易方式是福建海商最常见的经商方式，他们广泛联络沿海居民，建立了许多据点，利用据点收购出海货物，囤积国外走私商品，以利销售。他们不仅在海营商，还有许多也是“陆地商”“水陆两栖”，海上贸易也做，陆地贸易也做。明清时期，福建商人把国内与国外的贸易紧密地结合起来，努力经营，进行多种形式贸易，从而形成了中国封建社会晚期一个很有影响的地方商帮。

随着封建社会的消亡，福建商帮却在海外南洋、台湾等地开辟出新的商业场地。福建商帮中的许多商人，正是以自由商人的身份，大无畏地开拓海外市场，终于在福建帮这棵枯树上开出了新枝，使福建商帮的商业精神在海外华人和在中国台湾的福建籍人身上得到延续。

9. 陕西商帮及陕西商帮企业家精神

在明代的商业界里，山西与陕西商人为了对抗徽商及其他商人的需要，常利用邻省之好，互相结合，人们通常把他们合称为“西商”或是“山陕商帮”。西商在明代前期的势力很大，他们从经营盐业中获得了大量的厚利，可惜利益的原因使他们内部开始分化，陕西盐商与山西盐商分道扬镳，最终陕西盐商到了四川独立发展，这也为陕西商帮的最终形成奠定了基础。

陕西商帮生财的行道较多，在这一点上他们与江西商帮相似。陕西商帮是一个综合性的商帮，他们对财富的追求与一般商帮相同：尽可能追逐厚利，如果不行，就退而求其次。陕西商帮以盐商最为著名，经营布业、茶业和皮货业也是陕西商帮盈利的重要途径。

虽然贵为中国十大商帮之一，且民风习俗与山西商帮相近，但在外人看来陕西商帮“见识短浅”，在各个方面都无法与晋帮相比。而对于商业资本的使用上，陕西商人采取的是土财主方式，很少有人投资手工业，这与江南地区商人积极发展手工业的情况恰恰形成鲜明的对比。

10. 山东商帮及山东商帮企业家精神

山东人经商，是发达地区的人要经商，不发达的地区的人也要经商。一个省份的人，经商的动机和条件相差甚远，仿佛是中国十大商帮的综合缩影。

山东商帮由山东商人组成，自然具有山东人的特点：质朴单纯，豪爽诚实。正因为如此，与别的商帮相比，山东商帮的致富之道显得单纯，直截了当。概括起来，就是长途贩卖和坐地经商的商业经营方式，讲求信用的商品道德以及规范的商业行为。同时，山东商帮里面主要是大官僚、大地主兼大商人，因此大部分是封建性的商人，这也决定了山东商人所走的道路及商业资本的流向是“以末致富，以本守之”。虽然山东商帮的致富之道相对其他商帮来说实在是没有什么高明的地方，但他们的这些经验和经营方式非常实在，生意做起来踏实。

六、追根溯源：中国企业家精神的根源

历经数千年的风雨洗礼，中华传统文化已根植于中华儿女骨髓之中。中国企业家充分吸纳中华传统文化的养分，经世致用的儒、道、法、佛思想哲学是中国企业家精神的思想之源，养分之本。

1. 中国企业家精神的根源之一：儒商文化

（1）仁者爱人的人本经商思想。“人本”与“仁爱”是儒家思想的核

心理念，也是诸多儒家著述中反复提到的精神与思想。如《论语·颜渊》："樊迟问仁，子曰：爱人。"《论语·学而》："泛爱众而亲仁。"《孟子·梁惠王上》："老吾老以及人之老，幼吾幼以及人之幼。""仁爱"来源于"人本"，儒家思想将"人"放在宇宙和人类世界的中心，进而衍生出"由此及彼"的"仁爱"思想，这也是中国儒商所秉承的核心经营理念。只有处处以人为本，多为顾客及生意伙伴着想，多为员工着想，才能更好地发展自己的事业。

（2）以义取利的商业道德。儒商文化倡导经商应以"义"字为先。《论语·里仁》："富与贵，是人之所欲也；不以其道得之，不处也。贫与贱，是人之所恶也；不以其道得之，不去也。"《荀子·荣辱》："先义而后利者荣，先利而后义者辱。"由此可见，儒家思想肯定人的趋利性，但更强调"义"对"利"的决定作用，正所谓"君子爱财，取之有道"。

（3）诚信的商业行为准则。"诚信"是儒家思想中重要的价值标准，诚实守信是儒商在经营过程中必须遵守的基本准则，且儒家强调内诚于心，外信于人。《论语·学而》曰："与朋友交，言而有信。"《中庸》曰："诚者，天之道也；诚之者，人之道也。"《荀子·不苟》曰："诚信生神，夸诞生惑。"中国儒商讲究的是为人处事的"诚信"，这是他们做人做事的根本守则。

（4）互惠互利的商业智慧。《孟子·公孙丑下》曰："天时不如地利，地利不如人和。"中国儒商文化一直崇尚和气生财、互利共赢的经营理念，可以说，这是一种极具长远眼光和可持续发展的商业智慧。

（5）以商为本的敬业精神。对所从事的商业敬之，爱之。《论语》有言："执事敬。"此处"敬"指做事认真、专注。端正做事的态度，将事情放于心中，认真、仔细做事。此外，还应专心、专注于此事。这种"敬"的精神体现在儒商文化中，就是以商业为本业，对其敬之、爱之的优良品质和作风。

（6）自强不息的进取精神。《易传·乾·大象》曰："天行健，君子以自强不息。"天道即人道，宇宙在不停地运转，人应效法天地，永远不断地前进。自强不息是儒商最为推崇的宝贵精神品质，是推动儒商前进的根本力量，也是绝大多数中国企业家精神世界的内心映照。自强不息能激发个体的进取精神，强调进步永无止境，需要不断前行。

（7）家国天下的儒商情怀。《孟子》有言："天下之本在国，国之本在家，家之本在身。"家是国的基础，国是家的延伸，在中国人的精神谱系里，国家与家庭、社会与个人，都是密不可分的整体。"国家好，民族好，大家才会好"，"小家"同"大国"同声相应、同气相求、同命相依。正因为感念个人前途与国家命运的同频共振，所以我们主动融家庭情感与爱国情怀为一体，从孝亲敬老、兴家乐业的义务走向济世救民、匡扶天下的担当。家国情怀宛若川流不息的江河，流淌着民族的精神道统，滋润着每个人的精神家园。家国情怀是中国企业家精神的情感归依和精神寄托，也是中国企业家努力奋斗的崇高目标和价值呈现。

（8）以"德"为立身之本。儒商深受儒家德治思想的影响，主张修身养德，以德为立身之本。德治是中国古代的治国理论，是儒家学说倡导的一种道德规范。德治思想对中国社会几千年的发展维系，对历朝历代的国家治理，对近现代中国企业家的商业经营管理都产生了深刻而深远的影响。德治的内涵包括：第一，要求统治者集团以身作则，注意修身和勤政，充分发挥道德感化作用；第二，重视对民众的道德教化，主张为政以德、德主刑辅。所以，道德至上已深深内化于儒商之心，并外显为行为之基准。如果说要基于中国的传统文化提出中国的人性假设，毫无疑问，应该是"道德人"假设。

（9）礼仪文化。讲礼重仪是中华民族世代沿袭的优良传统，汉以后历朝历代都高度重视礼制仪规，礼仪之道对社会的和谐发展发挥了不可替代的作用，正如明末清初的思想家颜元所说："国尚礼则国昌，家尚礼则家大，身尚礼则身正，心尚礼则心泰。"在儒家礼仪的教化与熏陶下，中华民族的言行举止文雅，待人恭让温和，谦虚文明的华夏人处处讲礼貌，被誉为"礼仪之邦"。同样，中国的企业家在商业活动中，深受中华礼仪熏陶，注重礼仪礼貌，以礼待人，注重以中华礼仪规范员工行为，塑造人的言行举止。

（10）匡世济民的社会责任意识。人的社会责任意识来源于人的良知和自觉。儒家思想的核心为“仁”，是社会政治和伦理道德的最高标准，对后世影响深远。儒商更是深受“仁”的影响，在个人飞黄腾达之后，将匡世济民视为人生又一奋斗目标和人生理想。

（11）不可或缺的强大精神力量：艰苦奋斗。艰苦奋斗是推动儒商创业成功的强大精神力量。在士、农、工、商的古代等级社会中，商贾地位低下，备受偏见和歧视。另外，从商者一般皆是白手起家。可见，创业环境十分之艰难。创业本就不易，再加上创业环境艰难，如果从商者没有强大的艰苦奋斗精神，何以行尽这万里创业之路？又何谈创业成功？又怎么会有儒商传奇的佳话广为流传？

（12）志存高远的开拓精神。孔子本是鲁国小官，但胸怀大志的思想家孔子跨疆越土，传播儒家思想，志在普世济民，便周游宋、卫、陈、蔡等国。回到鲁国后，心系国家之命运、人民之疾苦的孔子又投身于教育事业，并主张有教无类，打破阶级桎梏，给每个人平等的受教育的机会，以教育兴国、济民，开拓了教育界的又一里程碑。可见，志存高远的开拓精神蕴藏于儒家代表孔子之言行举止中。

2. 中国企业家精神的根源之二：道家文化

道家思想以自然为本，从中国企业家精神身上可以看到其缩影。

（1）“道”是先于天地的混成之物。老子《道德经》有言：“有物混成，先天地生。寂兮寥兮，独立而不改，周行而不殆，可以为天下母。吾不知其名，字之曰‘道’，强为之名曰‘大’。大曰逝，逝曰远，远曰反。”

（2）“道”是存在于万物之中的普遍法则。老子《道德经》有言：“道生一、一生二，二生三，三生万物。万物负阴而抱阳，冲气以为和。”

（3）“道”无形无象。老子《道德经》有言：“道之为物，惟恍惟惚。惚兮恍兮，其中有象；恍兮惚兮，其中有物。”又说：“无状之状，无象之象，是谓恍惚。迎之，不见其首；随之，不见其后。”

中国企业家耳濡目染道家文化，在做人、做事、定战略、谋发展时讲求顺其自然，顺势而为，乘势而上。比如，小米创始人雷军曾说：“站在风口上，猪也能飞起来。”他说的正是顺应时代的发展，在互联网的浪潮中打出小米的一片天地。

3. 中国企业家精神的根源之三：法家文化

法家管理哲学的框架包括“法”“术”“势”三个部分，三个部分之间不是相互割裂的，而是存在着较为紧密的逻辑关系。

（1）“势”是“法”和“术”的存在前提。商鞅和韩非均提出君主应当注重自身“势”的培育。“势”的概念内涵非常丰富，其核心内容就是君主所掌握的各种资源，这些资源能够对被统治者产生足够的影响力。

（2）“法”是君主统治过程的公开方法。针对自私的人性，在君主取得了“势”之后，便可以开始统治。但是在公众所熟知和认可的统治措施中，法家主张采用“法”的形式。“法”包含着制定法律和实施法律的双重内容。法家的“法”的观念当中包含着法律的实施要保证违法者平等地接受处罚，有贡献者应当平等地得到奖励的内容，“法”的学说本身蕴藏着平等的观念。

（3）“术”是君主隐蔽的统治手段。在强调公开法律作用的同时，法家学说也要求统治者能够使用隐蔽的统治手段选择官吏，以帮助其进行统治。这种隐蔽的统治手段便是“术”。“术”并不需要如同法律一样被社会当中的普罗大众乃至于政府当中的官员所公开熟知。“术”是君主必须掌握并且加以实施的隐形规则。

法家的“势”“术”“法”是中国企业家精神的重要来源。法家的“势”“术”“法”在企业管理中得到了淋漓尽致的展现，法家的“势”“术”“法”已深深烙在企业家内心之中。“势”指企业家掌握的权力，“法”指企业的规章和制度，“术”指企业家管理与领导的艺术。

4. 中国企业家精神的根源之四：佛学文化

佛学的自我修炼与中国企业家自我实现及为其目标坚持不懈的奋斗精神异曲同工。佛教的创始人释迦牟尼认为，人在宇宙中是顶天立地的，每一个人都是自己的主宰，决定着自己的命运，他的觉悟、成就及造诣，归功于自己的努力与才智。人的吉凶祸福、成败荣辱，来自自己的行为善恶和努力与否，没有谁能提拔人上天堂，也没有谁会把人推入地狱。只有脚踏实地去修身养性、利他积福，才能使自己的人格净化升华，智慧通达，境界圆满地修正成“佛”。中国企业家注重自我修为，自我修炼，进而达到自我实现，对其目标有着执着、坚定的信念，不言放弃，直至修炼成正果。

七、重塑中国企业家精神

21 世纪科学技术迅猛发展，第四次产业革命如火如荼；全球化日益深化并不断面临新的挑战；国内市场化改革和对外开放的步伐不断加快；产业结构、产品结构、市场结构、劳动力结构、市场竞争规律等加速发生深刻改变。中华民族必须紧紧抓住这个重大的历史机遇。面对充满巨大机遇和巨大挑战的21 世纪，中国的企业家应该具备怎样的精神气质？应该锤炼什么样的企业家精神？这都是摆在当代中国企业家面前的紧迫课题。我们别无选择，只有知难而上，迎难而进，以中华传统文化基因为底色，以市场化和国际化为背景，以勇敢迎接新的产业革命为参照体系，以振兴中国企业、复兴中华民族为历史使命，重塑新时代的中国企业家精神。

1. 弘扬“以人为本”的精神

传承儒商文化“仁者爱人”的人本经商理念，培育现代企业以人为本的企业精神。事实上，“以人为本”的价值取向会使企业变得优秀。所有员工包括企业管理者在内，都是企业最宝贵的财富，任何一个企业想要获得良好的发展都离不开每位员工的辛勤努力与智慧。因此，企业应当以儒商文化中“仁者爱人”理念塑造现代企业的人本精神，并赋予人本精神新的内涵，以激发员工的创造力和创新力，使企业能够与时俱进，开拓一片新天地。

2. 培养经世济民的社会责任感

传承儒商文化以义取利的商业道德，培育当代企业家经世济民的社会责任感。现代企业要追求利润，但不能在利益面前唯利是图，还应当负有匡世济民的社会责任。历史上，传统儒商早已用实际行动证明了“非义不取”“达则兼济天下”的道理。为此，在新的时代背景下，企业家应传承和发扬中华优秀传统文化，吸收借鉴外来优秀文化，在构建科技强国和培育世界一流企业的进程中，将企业家精神与中国精神、中国价值、中国力量有机结合。企业家精神必须与社会需要相结合，谋民生之利、解民生之忧、补齐民生短板，在幼有所育、学有所教、劳有所得、病有所医、老有所养、住有所居、弱有所扶上不断贡献自身的力量，在人民安居乐业中获得企业经营的成功。

3. 修炼心怀天下的家国情怀

家国情怀是在中华民族优秀传统文化中积淀形成的，责任担当是其精髓所在。千百年来，无数圣哲、英烈为家国天下之存亡和黎民社稷之安危，劳心焦思、上下求索。“先天下之忧而忧”“位卑未敢忘忧国”“天下兴亡、匹夫有责”“人生自古谁无死，留取丹心照汗青”“苟利国家生死以，岂因祸福避趋之”等人文故事广为传颂。

心怀天下的家国情怀是企业家精神的最高价值体现。伟大的事业需要伟大的精神，伟大的精神托举伟大的梦想。在实现中华民族伟大复兴的“中国梦”的征程中，企业家及企业家精神占据着举足轻重的地位。企业家应把企业梦融入中国梦之中，以实现企业腾飞和国家民族的伟大复兴。

4. 传承诚信经商的理念

传承儒商文化诚信经商的行为理念，并将之作为现代企业的根本行为准则之一。儒商曾在商业领域创造了令世人瞩目的辉煌成就，究其原因，离不开儒商始终坚守的从商之本，即诚实守信，信誉至上。置身现代商业浪潮中，市场经济繁荣发展，各行各业竞争激烈，企业要想做到长久发展，就应当以“诚信”作为企业的基本行为准则。只有企业讲诚信，坚守诚信经营，企业才能以“诚”立足于市场，以“信”获得消费者的青睐。

5. 培育艰苦奋斗的精神

艰苦奋斗是一种不怕艰难困苦，奋发图强，艰苦创业，为国家和人民的利益乐于奉献的英勇顽强的斗争精神。艰苦创业精神，作为一种积极、健康的工作态度，是成就事业必不可少的精神力量和崇高美德。伟大的事业根源于坚忍不拔的拼搏，以十二分的精神工作，不避艰苦，不畏艰难。新时期的企业家，更是需要大力倡导和发扬艰苦创业、艰苦奋斗的拼搏精神。

6. 培育新时代的工匠精神

工匠精神原指在手工业时代人们不断雕琢自己的产品，改善自己的工艺，对产品品质追求完美和极致，对精品有着执着的坚持和追求的一种精神品质。随着时代的发展，工匠精神并不限于手工业时代的狭隘意义。新时代工匠精神的内涵包括：爱岗敬业的职业精神、精益求精的品质精神、协作共进的团队精神等。

7. 培养国际化思维和视野

顺应全球化趋势，培养国际化思维和视野非常重要。在经济全球化的时代，世界已经变成了一个加工厂，世界经济产业链被不断细化分解，仍处于全球价值链中低端的中国企业急需进行突围。为更好地应对企业的国际化发展趋势和竞争压力，中国企业家应转变思维方式，开阔国际视野，强化全球化发展理念，着眼于全球经济竞争和全球开放市场，制定和实施国际化的可持续发展战略，有效整合和配置资源，切实培育国际竞争的核心能力。

8. 树立“比学赶超”的竞争意识

“比学赶超”的竞争意识需要我们比有目标、学有方法、赶有毅力、超有革新。比是明晰方向：对比心中的榜样、目标，找到存在的短板与差距，明晰努力的方向；学是苦练内功：使用正确的方法，专项针对短板与差距进行刻意练习；赶是持续进步：以埋头苦干的勤奋和坚持不懈的意志力不断追赶；超是超越与革新：在榜样的基础上进行超越革新，引领市场，创造市场。

9. 修炼敢闯、敢拼的冒险精神

修炼敢闯、敢拼的冒险精神，需要有对市场敏锐的嗅觉、超凡的魄力、强大的自信。敏锐的嗅觉是行动的前提，超凡的魄力和强大的自信是冒险的核心支柱。人人都懂收益与风险并存，不冒险怎会有收益？经营企业更是如此。市场机遇稍纵即逝，在嗅到机遇的味道时，只有勇于并敢于捕捉机遇，才能创造新市场，赢得新发展。

10. 培育勇于开拓的创新精神

《中共中央国务院关于营造企业家健康成长环境弘扬优秀企业家精神更好发挥企业家作用的意见》中提出三个“营造”：营造依法保护企业家合法权益的法制环境，营造促进企业家公平竞争诚信经营的市场环境，营造尊重和激励企业家干事创业的社会氛围，以适应把握引领经济新常态、推进供给侧结构性改革的高度，为企业家实实在在创造创新环境。只有培育创新精神，才能引领时代发展。创新精神是企业家最基本、最内在的素质特征，是企业家精神的灵魂。任何成功的企业都是在创新中产生、发展、壮大的。企业家的创新精神是全方位、全过程的，包括产品创新、技术创新、市场创新、组织创新、商业模式创新等，归根结底是思维、理念、观念的创新。

参考文献

[1] 王育颐等. 中国古代文学词典第4卷 [M]. 南宁：广西人民出版社，1989.

[2] 东篱子. 周易全鉴 [M]. 北京：中央编译出版社，2010.

[3] Schein E H. Organizational culture and leadership [M]. San Francisco: Jossey - Bass, 1995: 104 - 107.

[4] [美] 威廉·大内. Z理论——美国企业界怎样迎接日本的挑战（中文版）[M]. 孙耀君，译校. 北京：中国社会科学出版社，1984.

[5] [美] 阿伦·肯尼迪，特伦斯·迪尔. 企业文化——现代企业的精神支柱（中文版）[M]. 上海：上海科学技术文献出版社，1989.

[6] [美] 爱德加·沙因，沃瑞·本尼斯. 企业文化生存指南 [M]. 北京：机械工业出版社，2004.

[7] [美] 托马斯·彼特斯，罗伯特·沃特曼. 追求卓越（中文版）[M]. 北京：中央编译出版社，2001.

[8] [美] 维杰·萨斯. 公司的企业家精神：高层管理者和业务创新 [M]. 刑华，钟正生，译. 北京：中国人民大学出版社，2008.

[9] [美] 威廉·鲍莫尔. 企业家精神 [M]. 孙智君，译. 武汉：武汉大学出版社，2010.

[10] [美] 熊彼特. 经济发展理论 [M]. 北京：机械工业出版社，2010.

[11] [美] 彼得·德鲁克. 创新与企业家精神 [M]. 蔡文燕，译. 北京：机械工业出版社，2010.

[12] 张旭，韩笑. 企业文化评估模型开发及应用 [J]. 科学学与科学技术管理，2008（1）：149—153.

[13] 杨玲. 先秦法家思想比较研究 [D]. 浙江大学，2005.

[14] 觉真. 佛教文化与现代企业管理 [J]. 财富智慧，2006（1）：50—54.

[15] 丁栋虹. 企业家精神 [M]. 北京：清华大学出版社，2010.

[16] 程素仁，程雪云. 晋商股俸制及其对现实的指导意义 [J]. 北京商学院学报，2000（4）：43—47.

[17] 邱文选. 晋商文化的启示 [J]. 决策与信息，2005（6）：54—56.

[18] 汤恩佳. 论儒商的核心价值观 [C] //《中国儒学年鉴》编委会. 中国儒学年鉴（2005）. 北京：中国年鉴出版社，2005：327.

[19] 梁德阔. 儒家伦理与徽商精神——“韦伯式问题”的经验研究 [D]. 上海大学，2010.

[20] 冯剑辉. 近代徽商研究 [D]. 山东大学，2008.

[21] 郑松辉. 儒家文化观与近代潮商经营理念 [J]. 汕头大学学报（人文社会科学版），2010，26（6）：31-36+91.

[22] 郑松辉. 潮商文化性格的海洋特质 [J]. 潮商，2007（3）：65—67.

［23］张伟．法家管理哲学思想及当代价值［J］．湖南税务高等专科学校学报，2017，30（1）：55—57.

［24］庄龙玉，陈康．当代中国企业家精神解析［J］．齐齐哈尔大学学报（哲学社会科学版），2016（11）：41—43.

第十章　管理变革的展望

资本主义工业的发展不仅催生了管理学，也推动着管理学逐渐走向成熟。18 世纪 60 年代，第一次工业革命爆发；19 世纪中期，第二次工业革命开始；19 世纪末 20 世纪初，科学管理理论、一般管理理论及行政组织理论等古典管理理论被提出，标志着管理学的诞生；20 世纪中期，第三次工业革命爆发，管理与管理学进入高速发展期，管理学派林立；第四次工业革命正在加速发展，新的科技革命将给人类社会带来前所未有的深刻变革。那么，管理及管理学将会如何发展呢？

一、信息技术的发展与企业管理的信息化

1．信息技术的发展

世界各国正在大力发展信息技术产业和数字经济，信息化和数字经济在全球快速发展。信息产业成为世界各国，特别是发达国家和新兴经济体国家竞相投资、重点发展的战略性新兴产业。在过去的 10 年中，全世界信息设备制造业和服务业的增长率是相应的国民生产总值增长率的两倍，成为带动经济增长的关键产业。

2．企业管理的信息化

信息技术的发展及其在企业管理中的应用，使得在西方发达国家流行了一百多年的企业管理模式正在面临或已经发生了彻底的改变。在新型的

管理模式中，信息是管理的核心资源，获取信息的方式是决定组织管理形式的重要因素之一。所以在基于知识和信息的经济背景下，企业管理离不开信息技术的支持。网络化的信息技术，使企业内部信息传递环节减少，传递速度加快，企业内外部无缝链接，企业能够对外部环境和顾客需求作出快速响应。

信息技术将在企业管理中的五大领域得到广泛应用：① 战略决策支持系统：通过大量而系统的数据收集、数据分析、数据处理，信息技术和管理信息系统将更好地帮助企业家作出科学的战略决策；② 办公自动化系统：企业通过管理信息系统能够有效地提高企业日常管理的自动化处理水平和效率，从而达到“无纸化”办公的境界；③ 生产自动化系统：产品研发、工艺设计、生产制造、品质管控、库存控制、作业计划、成本控制、安全生产、现场管理等全过程、全场景都将依托信息技术而实现动态的实时有效管理；④ 供应链与营销配送系统：企业通过信息系统把供应链上的每个节点基于价值链和契约关系而通畅地链接在一起，这将大大提高供应链上的合作效率，有效地降低物流成本，并有助于实现精准营销；⑤ 人工智能系统：以精密、高速的信息技术为基础，开发能模拟人类智慧的人工智能系统，将帮助企业解决复杂而没有固定模式的经营管理问题。

二、万物互联的智能化时代与物联网管理模式

1. 万物互联的智能化时代

物联网技术作为信息技术发展的新高度和新形态，快速渗透到了社会生产生活和企业经营管理的各个领域。随着互联网技术的飞速发展，囊括感知网、互联网、其他网络和通信技术、广电网络系统、云计算技术（含大数据技术）、纳米技术、可穿戴技术、M2M、MEMS 技术、感知技术等物联网技术[①]已经逐步融入我们的生活，万物互联的智能化时代即将来临，

① 物联网是通过光学识别、射频识别技术、传感器、全球定位系统等新一代信息技术，实时采集任何需要监控、连接、互动的物体或过程，采集其声、光、热、电、力学、化学、生物、位置等各种需要的信息，通过各类可能的网络接入，实现物与物、物与人的泛在连接，实现对物品和过程的智能化感知、识别和管理。

这将对包括企业在内的各类组织的管理创新带来深刻的影响。

2. 智能化时代的物联网管理模式

王谦对物联网管理模式的定义为：组织（政府、企业及其他组织）由感知端、传输端、云端和应用端四端协同联动，各端集技术创新、管理创新和制度创新为一体，整体顶层设计的一种过程化、精确化、智慧化、个性化的创新管理模式。感知端处于物联网管理模式的最底层，也被认为是物联网管理模式的基础感知层，是物联网管理模式中感知和获取第一手数据和信息的起始端，通过传感网来实现对“物体”（实物和虚物——事务、任务、服务等软物）所需特征的感知和识别，主要解决人类世界和物理世界的数据获取问题，主要负责物品标识和信息的智能采集，由各类型的采集和控制设备所组成。传输端处于物联网管理模式的第二层，主要负责信息和数据的接入和传输，是物联网管理模式中传递数据和信息的中间端，由各类网络如互联网、通信网等私有网络、专用网络、有线和无线通信网、基站节点、接入网关组成。云端处于物联网管理模式的第三层，是物联网管理模式得以实现智能管理、科学决策和推送优质服务的大脑，是物联网带智慧的核心端。应用端处于物联网管理模式的第四层，是将经过智能处理的信息转化为管理决策、优质服务的最终端、目标端。应用端是基于数据从感知端、传输端和云端经过一系列的筛选、整合、处理和分析，成为已分类的、有效的、精准的、高质量的科学信息，并结合管理对象的特征和相应体制机制、法律法规对具有这些特质的信息进行规划和流向设计，为各级管理者作出科学决策提供支撑，为各类使用者提供更符合个性化需求的优质服务平台。

三、日益加深的全球化趋势与企业管理的全球化思维

1. 全球化趋势日益显著

（1）技术全球化。技术的发展，加快了全球化的进程。飞机、高铁、互联网通信技术的快速发展，消除了人们之间的时空界限，加强了各地人

们之间的联系，推动着全球化的进程。全球化影响着人们的日常生活，改变着人们的思维方式，也改变着社会的组织和结构。

（2）经济全球化。随着大型跨国企业的建立以及伴随他们一起发展起来的金融市场的兴起，经济全球化趋势日益加深。可以看出，经济的互补性是经济全球化的主要动力，全球产业链的深度分工与协作是经济全球化的主要机制。现在，加入世贸组织和国际经济体系的国家越来越多，商品和服务贸易的范围越来越广，世界金融市场在国际经济与贸易中的作用越来越大。可以预计，经济全球化可能会有反复，但总的趋势不可逆转。

（3）治理全球化。为了解决全球性问题，人们创设了多种国际机构，如联合国、世贸组织、国际货币基金组织、世界银行、国际经合组织、绿色和平组织、红十字会、野生动物基金会，等等。尽管这些机构能力有限，但其初衷毕竟是针对解决各种全球性问题，如生态保护、南北关系、人权问题等而建立的，它们发出了维护正义的声音，提供了人类为之努力的方向。

2. 企业管理的全球化思维

（1）管理的本土化。劳动力的低廉、全球市场需求的多样性、技术的快速发展等因素催生越来越多的跨国公司。跨国公司已经成为促进各种生产要素在全球范围内流动、配置的关键性力量。而要经营管理好跨国公司，越来越多的学者认为需要对跨国公司本土化①展开研究。

（2）市场营销的国际化。在经济全球化背景下，国际化营销十分重要。国内市场容量有限，企业必须开疆扩土，转向国际市场。但国际市场同样竞争激烈，情况错综复杂，因此跨国公司必须针对当地市场需求特点和消费者心理，采取合理的国际营销策略，方能在国际化市场崭露头角。

---

① 跨国公司管理本土化是指“更多地采用当地的价值观（What）；与其任命母公司或第三国来的管理者不如任命本地管理者（Who）；与其采用母公司组织模式不如采用当地的组织模式（How）”。

四、高度不确定性的经济环境与日益复杂的风险管控

1. 经济环境的不确定性水平与日俱增

随着全球化的逐步深入，经济环境的不确定性水平与日俱增。世界多极化、经济全球化、社会信息化、文化多元化深入发展，全球治理体系和国际秩序变革加速推进，各国间相互联系和相互依存日益加深。彼此之间的经济发展可能会相互影响和牵制。这种影响并非仅仅是国内经济的不稳定性原因造成的，造成其波动的原因极其复杂，可能仅凭借简单的宏观调控或其他方式难以解决，企业为此需要严控风险，并开展广泛的国际合作。

2. 风险管控日益复杂

高科技及其产业的迅速崛起，市场、金融、经济的全球化扩张，导致不确定性因素增长；由于信息不完备与非对称性分布，又促进风险加大。人们在管理活动中必须增强风险意识，加强风险管理，在捕捉机遇的同时严格防范风险。国家要防范金融风险，企业要防范市场风险、经营风险、技术风险等。在风险管控中，需要重点加强监测和预警，以预防为主，建立健全风险管控与评估体系，以把风险减少到最低限度。为此，需要加强风险成因分析，预测风险到来时机，积极采取防范风险的对策，以回避风险、转移风险、分散风险、减轻风险和做好承受风险的准备。为了搞好风险管理，还需要重视信用管理，这是风险管理的前提。发展市场经济，应讲究信用和信誉。政府不能失信于民，企业不能失信于用户。信誉乃是否有信用和信用度高低的保证，它是一种无形资产。在未来的企业管理中，企业家要更多地分析研判企业所面临风险的新形式、新特点、新种类和风险发生的新机理，以真正提高面对复杂风险的管控能力和水平。

五、奔涌而来的知识经济时代与知识化管理

1. 知识经济浪潮奔涌而来

自 20 世纪 80 年代以来，知识与经济之间的相互渗透和作用越来越强劲，使得全球经济发生根本的变化，表现为：一方面知识因素更高程度地参与、融入经济活动；另一方面，在以提高竞争力为目的的经济活动中，知识取向不断增强，产品与服务的知识含量不断提高。当今，经济增长比以往任何时候都更加依赖于知识的生产、扩散和应用。知识经济以其旺盛的生命力预示着 21 世纪将是知识经济的时代。

2. 知识管理顺应知识经济浪潮

知识经济时代，知识管理异常重要。知识将取代土地、劳动、资本与机器设备，成为最重要的生产因素。知识管理指，在组织中建构一个人文与技术兼备的知识系统，让组织中的信息与知识，透过获得、创造、分享、整合、记录、存取、更新等过程，达到知识不断创新的最终目的，并回馈到知识系统内，个人与组织的知识得以永不间断地累积。从系统的角度进行思考这将成为组织的智慧资本，有助于企业正确决策和科学管理，以应对市场的变化。

六、中国经济的崛起与经典中国管理哲学思想的价值发现

1. 中国经济的迅速崛起

（1）中国企业家愈加突出。越来越多的中国企业家在世界的舞台上绽放光彩。中国企业家调查系统发布的《改革开放 40 年：企业家成为推动社会进步的重要力量——2018 · 中国企业家队伍成长与发展调查综合报告》指出，随着市场化改革不断深入，中国企业家的数量和素质有了明显提升，中国企业家为中国经济的发展，乃至世界经济的进步作出了巨大贡献。

（2）中国的崛起撬动了世界格局。1991年东欧剧变和苏联解体，美国成为世界上唯一的超级大国，两极对立的世界政治格局随之结束。目前世界格局中存在几个主要的力量中心，暂时形成“一超多强”的局面。美国是世界上唯一的超级大国；欧盟、日本、俄国、中国等国家和国家联盟是国际格局中的重要力量。

2. 经典的中国管理哲学、管理思想、管理艺术将被日益重视

为何越来越多的中国企业家在世界舞台上绽放光彩？中国企业家将经世致用的中国传统管理哲学、管理思想、管理艺术融入当今时代，形成独具特色的中国管理哲学。中华民族能够几千年屹立于世界民族之林而生生不息，并在短短的改革开放40年时间里创造了中国速度、中国奇迹、中国故事，这其中蕴涵着中国人博大精深的管理智慧、管理哲学、管理思想、管理艺术、管理文化，以及中国历代商人和中国企业家的经营理念和崇高追求。

过去长期以来，由于近代中国经济的发展滞后和国力衰退，中国传统文化中所蕴涵的丰富的管理哲学思想没有得到起码的尊重，其极其宝贵的价值内涵没有被深入挖掘，这是世界管理学界和企业界的莫大遗憾。

今日中国的伟大成就既得益于改革开放，更根植于中华优秀传统文化。中国人有中国人独特的管理智慧、管理思想、管理艺术、人际模式、沟通方式、经营理念和领导艺术。当今中国的管理思想，既有厚重的历史底蕴，又具有鲜明的时代特色和时代精神。中国管理哲学是以中国传统智慧与西方科学精神的融会贯通为目的，以“中国管理科学化，管理科学中国化”为宗旨，以集现代科学、传统文化、中国式管理艺术、借鉴现代制度四位一体为特征，用中国传统管理方式“文化管理”“人心经营”“道德激励”等来统帅西方管理制度和管理工具，所形成的行之有效、开放包容的管理哲学和管理艺术。

可以预见，中国的管理哲学、管理思想、管理艺术将会随着中国经济的崛起和中国国际地位的迅速提高而愈来愈受到学者和企业家的高度重视，中国的管理哲学和管理艺术将在管理思想发展史上和现实管理实践中

焕发出独特的光芒，这是中国传统文化对当代世界的重大贡献，也是世界对中国管理哲学价值的重大发现。

七、人的自我发展与人本管理、民主决策及非管理化模式

1. 人的自我发展

自我发展是当今时代最突出的特征之一。越来越多的现代人强调自我发展、自我实现和自我价值。伴随着现代高科技的迅速发展，获取知识、提高能力的渠道越来越丰富，这有利于个人的自我发展和自我价值的实现。

2. 人本管理、民主决策及非管理化模式

（1）人本管理的回归与升华。人本管理思想将逐渐回归，并得到升华。过去的管理模式基本上属于科学管理的范畴，其最大问题是人性化的缺失。随着企业员工素质的极大提高、民主意识的持续高涨、人的自我觉醒和对自我价值追求的渴望，在未来的管理中必须重视人本管理，且凸显人本化管理，这将是未来一个重要趋势。人本化管理就是在企业文化建设中以人为中心，强调人的主观能动性，尊重人的主体地位和人格尊严，激发人的创造性和创新能力，而非生产机器的附属品。将人在生理、心智、情感、事业、学习、发展等方面的各种需求作为进行管理工作的目标，通过以人为本的管理方式，使员工的积极性、归属感得到增强，将被动为企业工作变为主动工作，提高员工的创新力和创造力，使企业在全员的共同努力下实现更高的价值。可以预见，人本化管理将在企业管理实践中不断发扬光大。

（2）决策的民主化趋势。民主化管理方式就是在企业进行相关的决策时，企业管理层需要进行民主讨论，吸收、采纳来自各个方面，包括基层员工的意见与建议，甚至可以将某些问题的决策重心下移，这样才能够在快速多变的市场环境下，确保企业决策的正确性和对市场及一线响应的及时性，进而确保企业能够在决策制定后获取最大的经济利益。

（3）管理的最高境界——没有管理的管理。这是未来管理的最高境界。在管理思想的研究上，西方管理理论呈现出向东方探源回归的趋势。自20世纪80年代初美国学者威廉·大内的《Z理论》开始，“《论语》加算盘”“道德经济合一论”作为东方企业管理思想之精华逐渐为西方所重视。实质上，见物不见人的基于利益驱动与诱惑思想下的西方管理技术，随着人本主义管理的到来，受到了严峻的挑战。一方面是将人视为可资利用的工具，建立一整套严格的管理制度和方法；另一方面是依靠人的能动性、调动人的积极性的现代管理变革大潮，两者之间的冲突日益加剧。在探索人与组织的协调性以及组织利益与社会利益的统一性过程中，人们开始认识到，在新经济时代，人性得到充分尊重、个人自主性得到充分发挥、企业得到可持续发展的唯一正确的管理模式将是没有管理的管理——非管理化，即人人都是管理者的管理模式。很早之前，日本企业家松下幸之助就敏感地体悟到这种趋势，他觉得自己经营的唯一妙诀是顺应自然法则去做事，他认为人类可以也应该运用智慧去做事，但必须遵循超越人类智慧的伟大自然法则，这才是获得成功与长久发展的切实保证。现代信息技术的发展为人的个性、潜能的充分发挥创造了必要的技术条件，为“非管理化”模式的实施奠定了技术和物质基础。无为而治，将是领导艺术的最高境界。

八、消费者革命与创新市场营销理念和营销模式

1. 消费者革命

（1）消费观念的转变。在现代社会中，感性消费、科技消费、时尚消费、安全消费、高端消费、个性化消费等观念充斥在社会中。随着社会的进步和时代的变迁，人们越来越重视心灵的充实，消费变得越来越挑剔，对商品的要求已经不再仅仅是质量、价格、品牌，而是商品是否具有激活心灵的魅力，在购买和消费过程中是否能够带来心灵上的满足、高科技的体验、时尚的满足和高品质的享受。因此，消费观念正在向感性消费、科技消费、时尚消费、安全消费、高端消费、个性化消费等转变。

(2) 消费者与企业地位的变化。生产者的地位越来越变得江河日下，一个空前严峻的课题摆到了生产者、批发商和零售商的面前：那就是市场竞争变得日益激烈，而消费者却变得越来越挑剔。产品的卖方不仅必须使其商品具有竞争力，而且更重要的是要真正认清消费者的需求，根据顾客的需求来规划自身的经营活动，生产出符合人性需求的产品和服务，激起和满足顾客的欲望，把顾客作为整个市场活动的逻辑起点和中心，一切从顾客出发，一切为了顾客。市场由“销售导向”转化为“需求导向”，甚至转向“科技导向”，将形成一种“以消费者为中心”的现代市场营销观念和营销模式。

2. 市场营销理念和营销模式创新

跟随消费革命的步伐，创新市场营销理念与营销模式。树立以消费者需求为核心的市场营销理念，探索现代化营销模式，满足消费者的真正需求。消费者需求在变化，但并非无据可依、无律可寻。所以，企业应对消费者市场进行合理调查。在此基础上，在营销管理工作中对市场营销渠道进一步拓展，重视对产品和服务的创新，以个性化和差异化的产品获取市场竞争优势。

九、基于新技术革命，特别是信息技术的新的人性假设

历史已多次证明，每一次科技革命与产业变革都将对管理和管理学产生重大影响。新科技革命正以人工智能、物联网、能源互联网、生命创制等信息技术为核心快速孕育发展，将会出现基于信息技术的新的人性假设。“信息人”假设将包含以下基本内涵：① 人是信息动物，具有天然的信息偏好和复杂的信息处理系统，人将生活、学习、工作在被信息环绕的世界中；② 信息人的目标是追求时间自由、空间自由、学习自由、心灵自由，甚至是情感的自由，享受“信息”将成为人生成的常态；③ 人类对信息获取和处理能力的增强都受到“理性信息人”的推动；④“信息人”主体身份的虚拟化导致了异于现实世界的新交往模式的产生，其归属也不同于正常社会化渠道。

十、中国崛起与基于中华文化的新的人性假设

东方文化，特别是中华文化已根植入东方人的基因中，将会出现基于中国传统文化的新的人性假设。东方儒、释、道文化倡导以全人类的内心清净、和谐、平安为根本目标，用“勤修戒定慧，熄灭贪嗔痴”等心灵净化的方法，让我们学会关注自己与他人、关注自己与社会、关注自己与自然万物间的相互关系和影响，建立万物一体、和合共生的新型世界观。这种新型世界观已深入东方人、特别是中国人的骨髓，现有西方人性假设无法合理作出解释。

从更宏大的历史维度来看，在清朝瓦解、中国陷入近代以来的外侵内乱这一阶段，恰好是英国主导的经济全球化时期。学界普遍认为，这一轮经济全球化是从19世纪中期开始的，而终结于第一次世界大战。中国在这一轮的经济全球化浪潮中的命运是凄凉的、迷失的。在20世纪70年代末，世界又开始经历新一轮以美国为动力的经济全球化浪潮，中国从那时开始调整国家政策，大力实施改革开放，主动选择加入新一轮经济全球化浪潮，取得了举世瞩目的伟大成就。不仅如此，中国近年来提出并推进“一带一路”、推动建立亚投行、积极以G20等机制为舞台参与全球治理，这被认为是在开拓一种“新型全球化”。

从上一轮经济全球化中的被动方和失败者，到这一轮经济全球化中的成功者和弄潮儿，中国走了一条不同于西方的发展道路，这种反转是如何发生的？我们认为唯有基于经济全球化和改革开放的视角，特别是基于中国传统文化才有可能寻找到比较合理的解释，而这种合理解释的追根溯源应该是基于中国传统文化的新的人性假设，它将是中国管理理论的逻辑起点，并将对世界管理理论和实践的发展贡献中国思想、中国智慧。

参考文献

[1] 李传军. 管理学发展趋势分析 [J]. 管理科学文摘，2007 (6)：10.

[2] 王谦. 物联网管理模式——基于以物联网为代表的新一轮信息革命浪潮的管理思辨 [J]. 四川大学学报（哲学社会科学版），2014 (5)：119—126.

［3］代碧波．企业ERP实施知识管理绩效评价研究［D］．哈尔滨工程大学，2012.

［4］王溢涵．管理学研究方法：基于人的特殊性视角［J］．企业经济，2011，30（3）：46—49.

［5］蒋明东．经济管理现代化和经济管理发展新趋势研究［J］．现代营销（信息版），2019（4）：129.

［6］孙谦．浅析市场营销演进过程及营销管理变革［J］．现代营销（下旬刊），2016（5）：58.

［7］李欣语．探究市场营销演进过程及营销管理变革［J］．现代营销（经营版），2019（2）：92.

［8］陈桂龙．世界信息技术产业发展新趋势［J］．中国建设信息化，2017（19）：56—61.